国連研究　第23号

人権と国連

日本国際連合学会編

国際書院

The United Nations Studies, Number 23 (June 2022)
Human Rights and the UN
by
The Japan Association for United Nations Studies
Copyright ©2022 by The Japan Association for United Nations Studies
ISBN978-4-87791-317-5 Printed in Japan

人権と国連

（『国連研究』第 23 号）

目　次

表紙写真

Mrs. Eleanor Roosevelt of the United States holding a Declaration of Human
Rights poster in French. [Exact date unknown] ©UN Photo

Contents

Human Rights and the UN

(The United Nations Studies, Number 23)

Cover: Mrs. Eleanor Roosevelt of the United States holding a Declaration of Human Rights poster in French. [Exact date unknown] ©UN Photo

序

　『国連研究』第23号は「人権と国連」を特集テーマに編纂した。今や国際社会を構成するすべての行為主体（アクター）が人権問題に関して責任を持つべきステークホルダー（利害関係者）であり、国家に限らず、市民社会も人権抑圧や人権の保護に関する啓蒙活動、条約や宣言の起草への関与、人権状況、国家の動向への監視活動、国連や人権機関との連携を積極的に行っている。経済活動を展開する企業にとっても人権への配慮は欠かせなくなっている。このように、企業やNGO、地方自治体など多種多様なアクターによる人権への関与が実質的になったことで、人権に関するさまざまな規範も作られ、規範の実行性を確保するための体制も徐々に作られている。

　国連はその設立当初から人権と基本的自由の尊重を組織の目的に掲げ、人権を中心とする法体系や制度作りなど国際的な人権保障体制を進めてきた。国連を中心とした人権規範の形成と普及、国連人権理事会の設立や国連人権問題調整官の活動などを通じて人権の理念は追求され、その崇高な理念は多くの人びとの人権状況の改善につながり、人権を保障するための各国内の法律や制度の整備と法の支配の強化にも貢献してきたといえよう。しかしながら、依然として、人種差別、女性や子どもに対する差別、性的マイノリティ、先住民族、障害者などに対する差別は目立つ。ミャンマーや中国などでの人権抑圧に対して欧米諸国が独自の措置をとるなど、人権は国際社会を分断しかねない重大な争点である。序を書いている現在、ロシアによるウクライナへの侵攻によって、多くの人々の生命が奪われ、住む場所を失った人々は祖国を追われて周辺国に避難するという重大な人道危機が起きている。

　本号では、国際社会が直面する人権侵害を解決するために国連は何ができるのか、また、その解決のためにはどのようなアクターといかに連携したら

よいのかなどについて検討した。国連をはじめとする国際機構の役割について、国際法、国際政治、また歴史的視点からの論考が揃った。

　以下、特集論文から掲載順に各セクションの論文を紹介する。

　植木論文は、国際連合と人権に関する歴史的な展開と現代の課題を総括している。国連憲章第1条第3項では、国連の目的の一つとして人権の尊重が掲げられ、それ以後も、国連総会では1948年に世界人権宣言が採択され、1966年には国際人権規約が採択された。国連ではこのような規範の設定だけでなく、人権の実施と監視を目的として経済社会理事会が人権委員会を設立し、2006年には国連総会が人権理事会を創設し、人権理事会は人権委員会の役割と機能の一部を継承した。このような組織や制度のほかに、国連難民高等弁務官や国連人権高等弁務官が果たしてきた役割も重要であると述べている。しかし、2022年2月からのロシアによるウクライナ侵攻は、1945年に国連が設立した国際人権体制に大きな影響を与える可能性があると指摘する。国連の主要な目的である「平和と安全」「人権」の双方が強い関係にあることを喚起させるものであることを強調した。

　佐藤論文は、「ビジネスと人権」に人間の安全保障の観点を改めて盛り込む意義を論じたうえで、2021年2月1日にクーデターが起きたミャンマーに対して国連および日本は何ができるのか、政策提言を行っている。「ビジネスと人権に関する指導原則」（2011）は人権侵害のリスクを事前に評価・対応することを企業に求めるが、それのみでは脆弱な立場におかれる労働者の切り捨てにつながる場合がある。本論文は「企業のための『人間の安全保障』指標（CHSI）」を提示し、労働者の「保護」のみならず、教育などを通して「エンパワーメント」を実施した企業に高い評価を与えることで企業の自主的な改善を期待することを提案している。さらに、国連は多様なアクターのネットワークを促進する「ファシリテーター」としての役割を果たすべきであり、ミャンマーに対しては、国連機関や日本、企業や財団などが一緒になってアジア「人間の安全保障」官民共同基金（仮称）を設立し、また

大学や学会を含む学術機関のネットワークが「人造り」に寄与することを提言している。

　富田論文は、従来は国際法や国際関係等の観点から論じられることの多かった国連と先住民族の関係と先住民が国連にもたらした変革について、国連研究の視点から論じている。富田は、先住民族の定義について整理したのち、2007年の「先住民族の権利宣言」の起草を担当した作業部会に注目して先住民族が権利宣言に与えた影響について分析している。そして、国連を舞台に人権以外の分野にも先住民が与えた影響についても考察を加えた。国際社会での民主化の動きが、今後先住民族以外の人々も巻き込んでいくかは現時点では不明であるとしながらも、人々が国連との直接的な関与を深めていく動きが進む可能性は大いにあるとしている。そして、その基盤となるのが、国連が推進してきた自決の権利であり、先住民族の関与は彼らの宣言により国連の活動に正当性を与えたとし、国連がより正当な機関であるためには国家以外の人々の参加が不可欠であると結んでいる。

　研究ノートには1本を掲載した。大道寺論文は、国際移住期間（IOM）が2016年に国連システムへ編入されたことの規範的含意と実践的影響を明らかにする。IOMの事務職員へのインタビューを基にし、国際機構やNGOの文書を丹念に分析して、編入がIOMの性質や活動そして移動者の人権保障へ与える影響を分析している。同論文は、IOMの概要と編入までの歴史を整理してIOMの特徴などを明らかにした。そのうえで、編入の規範的含意について、国連との機関間協定における「非規範的」という概念を中心に考察する。編入の実践的影響についてはリビアにおけるIOMと欧州連合の「協力」の事例をおもに分析した。そして、以下の3点の結論を導き出した。まず、編入の規範的含意について、IOMが「非規範的」であるとは、IOMが、法的拘束力を持つ規範の設定やその履行確保を行うことができないという意味である。その他の移動者保護活動は、可能であるのみならず、要請されている。次に、編入の実践的影響に関しては、IOMは加盟国に奉仕する面のみならず、その是正を図りつつ種々の制約の中で移動者保護を図る面を

併せ持つ、アンビバレントな国際機構である。最後に、編入に関する IOM 内部の異なる見解が明らかになった。いわゆる現場レベルでは、編入は既存の関係を定式化したに過ぎないと認識されている一方、政策立案者のレベルでは、編入が IOM の存在感を高めるという変化が強調されている。

　政策レビューには、2本を掲載した。「国連と地域機構の安全保障パートナーシップのリアリティ・チェック：スーダンの事例」と題する中谷レビューは、まず、和平プロセスにおける国連と地域機構のパートナーシップは「従来型 PKO」の時代より行われてきたことを、PKO の歴史を遡って説明する。そして、国連と地域機構双方による平和活動は、ハイブリッド型、時系列型、機能分化型に分類されるとした上で、「従来型」「複合型」PKO 期においては、主に停戦支援などの和平プロセスを地域機構が先導し、国連がそれに追従する形式のパートナーシップが見られたと指摘する。そして、「憲章第七章」PKO も展開する今日では、確かに国連と地域機構のパートナーシップの多様化も見られるものの、これまでと同様、特に和平プロセスの初期の段階で国連が地域機構に依存・追随する図式が顕著に見られると述べる。これらの枠組みを提示した上で、中谷は、自身の実務経験にも基づきつつ、スーダンにおける国連と地域機構による和平プロセスの展開を分析する。その上で、国連と地域機構が相互補完的なパートナーシップを構築して紛争の平和的解決に対峙することは国連憲章の考え方にも合致するとしつつも、その際には、地域機構が「ミクロとマクロの政治プロセスの結晶」である地域性を反映した集合体であることを銘肝するべきだと結論づけている。

　「新型コロナウイルス感染拡大の影響にみる安保理北朝鮮制裁の課題」と題する竹内レビューは、従来から提示されてきた人道上の事由に基づく国連対北朝鮮経済制裁の一部緩和に対し、2019 年に端を発する世界的な新型コロナウイルス（COVID-19）の感染拡大が如何なる影響を与えたかを分析している。まず、COVID-19 発生に基づき北朝鮮が講じた制限措置と経済上の影響について概観し、中国を始めとする諸国家との貿易が減少したことよ

り北朝鮮国内ではさらなる物資の不足とインフレ等の悪影響が生じていると指摘する。一方で、北朝鮮による核・弾道ミサイル開発の継続なども見られることから、2006年に安保理で決定された決議1716に始まる国連の対北朝鮮経済制裁の範囲は拡大の一途を辿っている。2018年以降、北朝鮮は、国内の人道上の事由に基づいて国連制裁の緩和を働きかけてきたが、2020年以降、COVID-19の拡大に伴って、国連においても対北朝鮮制裁の適用中止に関連するより具体化された提案が行われるようになってきた。しかし、COVID-19の世界的感染拡大という事態下であっても、北朝鮮が人道上の事由に基づいた制裁緩和措置を悪用する確率は高く、真に人道支援が必要な北朝鮮国内の市民に恩恵が行き渡るかどうかは不明だとする。そのため、竹内は、安保理の決定に基づく経済制裁の実施に際し、従来から用いられてきた人道上の事由に基づく制裁の適用除外を決定するプロセスの迅速化を志向することや、北朝鮮による支援受入体制の見直しを行う方が効果的ではないかと指摘し、COVID-19という世界的な緊急事態を事由に一層の対北朝鮮制裁緩和を求める動きには慎重な姿勢を示すべきだと結論づけている。

　独立セクションには1本の論文を掲載した。
　帯谷論文「国際連盟期の平和維持─大戦再防止の使命と国境紛争・内戦の調停の前面化」では、第一次世界大戦の結果誕生した国際連盟に焦点を当てている。帯谷論文では、実際に国際連盟が扱うべき紛争や戦争は当初の認識と創設後実際に直面した紛争の性質が異なったことで、連盟規約では想定外の活動が展開されていったと論じている。例えば、国際連盟はギリシャ＝ブルガリア紛争のような国境紛争やリベリアの政府との被支配民族の内戦に介入する。また1930年代には地域的枠組みや地域機構と国際連盟との間での協力が模索された。以上のような平和維持活動に値する活動は、すでに国際連盟の時代に経験しており、その数々の活動は「成功例」として捉えることができるが、連盟後に誕生した国際連合の憲章起草過程ではされなかった。国際連盟も国際連合も、集団安全保障より国境や境界をめぐる紛争における

平和維持で存在感を発揮したと結論づけられる。

　続いて、書評セクションには 3 本の書評を掲載した。対象となった文献は、竹内俊博・神余隆博編著『国連安保理改革を考える：正統性、実効性、代表性からの新たな視座』、川村真理著『難民問題と国際法制度の動態』、政所大輔著『保護する責任：変容する主権と人道の国際規範』である。

　竹内俊博・神余隆博編著『国連安保理改革を考える：正統性、実効性、代表性からの新たな視座』は、1982 年から 2014 年まで国連広報官を務め、現在は上智大学グローバルスタディーズ研究科で教鞭をとる植木安弘会員が評した。本書は、国連外交に携わってきた外交官と国連研究者（元国連職員を含む）が協働で執筆した貴重な著作である。周知のとおり、安保理は国連諸機関の中で、唯一加盟国に対して強制力を持つ行動を決定できる。しかし、2022 年 2 月 24 日に始まったロシアによるウクライナ軍事侵攻では、紛争当事国であるロシアが拒否権を行使し、安保理で決議が採択できなかった。そこで、アメリカらが主導し、総会の緊急特別会合でロシアを非難する決議を 3 月 3 日（日本時間）に圧倒的賛成多数で採択した。また、3 月 23 日には、ウクライナのゼレンスキー大統領が日本の国会でオンライン形式の演説を行い、日本が長年取り組んできた安保理改革の必要性を示唆した。今後、常任理事国について国連内外で議論が高まるであろうが、本書は外交官や研究者にとって、必読の書となろう。

　川村真理著『難民問題と国際法制度の動態』は、日本国憲法と国籍の関係を国際人権法の視点から取り上げてきた秋山肇会員が評した。長年、日本は難民受け入れの際立った少なさを批判されてきた。一方、今般のウクライナ軍事侵攻では、ウクライナから周辺のポーランドやモルドバなどへ多数の女性、子ども、老人が避難した。日本政府は 4 月初めにポーランドへ林芳正外務大臣を派遣し、希望者を「避難民」として日本国内に受け入れ開始した。振り返れば 1990 年代、冷戦終結後の世界で民族紛争や武力紛争が勃発し、緒方貞子国連難民高等弁務官（当時）が、1951 年採択の難民条約の定義す

る難民にくわえ、国内避難民を UNHCR が支援するという大英断を行った。もっとも、大半の日本国民にとって、今回が「難民」と「避難民」の違いを意識する初めての機会になったのではないか。難民支援を多角的に研究した本書は、日本の人道支援の在り方を見直すよいきっかけとなろう。

　政所大輔著『保護する責任：変容する主権と人道の国際規範』は、同じく「保護する責任」を対象として研究生活を始めた清水奈名子会員が評している。本書は、国際的規範が国家の利益や選好に与えた影響を考察することから始め、「保護する責任」が誕生した経緯、国連で主流化した経緯などを丁寧にたどっている。今般のウクライナ軍事侵攻では一般市民が攻撃の対象とされ、1990 年代の旧ユーゴスラビアにおける民族浄化を想起させる虐殺が行われた模様である。ハーグにある国際刑事裁判所の主任検察官がすでに現地調査を行い、欧州主要国も調査団を派遣した。ウクライナのゼレンスキー大統領は「ジェノサイド」という語句を何度も使って、ロシアを厳しく非難した。今後、国連を中心に営々と積み上げられてきた保護する責任とそれに関連する法的規範は維持されるのか。それとも、大国が自身の利益をひたすら追求し、戦争開始のハードルが低かった 100 年以上前に時計の針を戻してしまうのか。本書に問題解決のヒントと希望を探したい。

　加えて、学会の活動として、国連システム学術評議会（ACUNS）研究大会と東アジアセミナーについての報告を掲載した。いずれも長引くコロナ禍により、オンラインでの開催となった。ACUNS 報告についてはキハラハント会員が、東アジアセミナーについては庄司会員が報告書を作成した。

2022 年 3 月末日

編集委員会

I 特集テーマ

人権と国連

1 国連と人権：

77年の歩み——その出発点と到達点

植木　俊哉

1 その出発点——「人権」に関する国連憲章の諸規定

（1） 国連発足以前の国際法秩序における「人権」の位置づけ

　1945年の国連発足以前の国際法秩序全体の中では、「人権」はどのように位置づけられていたと考えられるであろうか。このような問いにごく一般的に答えるとすれば、それは次第に重要なものと意識されるようになってはいたが少なくとも国際法の主要領域であるとは必ずしも認識されていなかった、と整理することができよう。ヨーロッパにおける第1次世界大戦の甚大な被害と凄惨な経験を踏まえて構築された両大戦間期の国際法秩序の下では、ロシア革命の影響等により大量に発生した難民問題への対応や、第1次世界大戦後に誕生した中東欧の独立国家を含む新たな国境線の画定が生み出した各国での少数民族の権利保障の問題など、今日の「人権」問題に連なるいくつかの重要な課題が提起されることとなった。しかし、国際連盟規約自身は、23条「人道的、社会的、経済的任務」において、「（イ）―（略）―男女及児童ノ為ニ、公平ニシテ人道的ナル労働条件ヲ確保スルニ力メ、且之カ為必要ナル国際機関ヲ設立維持スヘシ。」「（ロ）自国ノ監理ニ属スル地域内ノ土着住民ニ対シ、公正ナル待遇ヲ確保スルコトヲ約ス。」「（ハ）婦人及児童ノ売買並阿片其ノ他ノ有害薬物ノ取引ニ関スル取極ノ実行ニ付、一般監視ヲ聯盟ニ委託スヘシ。」といった点を定めるにとどまっていた[1]。他方で、この連盟規約23条に基づいて、国際労働機関（International Labour

Organization: ILO）が創設された。労働問題に関する国際基準を定める条約や勧告を採択する国際組織としての ILO がこのように約 1 世紀前に国際連盟と同時に活動を開始したことは、国際社会における「人権」に関する歴史的発展を現在から振り返って考える場合に忘れてはならない重要な事実であるといえよう[2]。

　その後、国際連盟を中心とした両大戦間期の国際秩序は、第 2 次世界大戦の発生を結果として防ぐことができず、その反省を踏まえて第 2 次世界大戦の戦闘と並行して、当時の主要連合国を中心に現在の国連憲章が起草されていくこととなった。1944 年 8 月〜 10 月に行われた米英ソ 3 カ国と米英中 3 カ国によるダンバートン・オークス会議の結果、「ダンバートン・オークス提案」（「一般的国際機構の設立に関する提案（Proposal for the Establishment of General International Organization)」）として国際連合憲章の草案が発表された[3]。さらに 1945 年 4 月 25 日にサンフランシスコで開催された連合国会議（国際機構に関する連合国会議：United Nations Conference on International Organization）における審議と討論を経て国連憲章が最終的に採択されたのは、1945 年 6 月 26 日のサンフランシスコ連合国会議の最終日であった[4]。本稿の検討対象である「人権」に関する国連憲章の規定との関係では、1944 年のダンバートン・オークス提案段階での国際連合草案では、経済的社会的分野での国際協力の目的として人権と基本的自由の尊重が掲げられるにとどまっていた[5]。これに対して、1945 年のサンフランシスコ会議では、人権保障の問題に強い関心を抱いて同会議に参加したラテン・アメリカ諸国の主張や、アメリカ政府が同会議に招請した人権関係の非政府団体代表の働きかけ等の影響もあり、以下で具体的に検討する通り、最終的に採択された国連憲章の条文中には、「人権」に関係するいくつかの規定が設けられることとなった[6]。

　この 1945 年 6 月の国連憲章採択の時点では、ヨーロッパではドイツによる軍事的抵抗が同年 5 月に終了し第 2 次世界大戦の戦火は終息していたものの、日本は連合国との間で第 2 次世界大戦を継続していた。他方で、この国

連憲章の起草・採択の過程では、国際社会における平和および安全の維持するための国際秩序をどのような形で再構築すべきかという基本的命題と、ナチス・ドイツによるユダヤ系住民の集団殺害といった「人権」をめぐる深刻な問題との関連性なども、次第に意識されるようになっていった。そこで以下では、「国連と人権」という本稿の検討課題の「出発点」として、まず国連憲章における「人権」関係の諸規定の内容をまず再確認して整理することとしたい。

（2）　国連憲章における「人権」に関する条文

国連憲章の条文中で「人権」に関係する具体的な条文としては、前文、1条3項、13条1項b、55条、56条、62条2項、68条、76条cを挙げることができる。ここでは、国連憲章のこれらの条文の内容とその意義等について、以下でまず検討することとしたい。

まず、国連憲章は、「われら連合国の人民は」（We the peoples of the United Nations）で始めるその前文の中で、国連の設置を構想するに至った背景を述べている。そこでは、「われらの一生のうちに二度まで言語に絶する悲哀を人類に与えた戦争の惨害から将来の世代を救い」（to save succeeding generations from the scourge of war, which twice in our life time has brought untold sorrow to mankind）という点と、「基本的人権と人間の尊厳及び価値と男女及び大小各国の同権とに関する信念」（faith in fundamental human rights, in dignity and worth of the human person, equal rights of men and women and of nations large and small）について、明示的に言及がなされている。このうちの前者は、「国際社会の平和及び安全の維持」という憲章1条1項に規定された国連の目的に、後者は「人権及び基本的自由の尊重」という憲章1条3項に規定された国連の目的に、それぞれ具体化されたものであると解せる。

国連憲章の条文の中で、最初に人権に関する言及があるのは、国連の「目的及び原則」（Purposes and Principles）を規定する第1章の冒頭の1条で

ある。国連憲章1条は、国連の「目的」（Purposes）として1項から3項までの3つを具体的に規定している。この中で、1条3項は、「経済的、社会的、文化的又は人道的性質を有する国際問題を解決することについて」（in solving international problems of an economic, social, cultural, or humanitarian character）「並びに人種、性、言語又は宗教による差別なくすべての者のための人権及び基本的自由を尊重するように助長奨励することについて」（and in promoting and encouraging respect for human rights and for fundamental freedoms for all without distinction as to race, sex, language, or religion）「国際協力を達成すること」（to achieve international cooperation）を国連の「目的」の1つとして明記している。ここでは、「国際協力を達成する」ことが目的とされているが、その中で「すべての者のための人権及び基本的自由の尊重」（respect for human rights and for fundamental freedoms for all）を「助長奨励すること」が国連の「目的」の文脈の中に明記されているのである。この1条3項の条文は、国連の「目的」を規定した1条の条項の中でも、ダンバートン・オークス提案から大きく変更されたものであった。他方で、保障されるべき人の権利（「人権」）の内容を加盟国の権利とともに同項で具体的に記述するという提案は採用されず、保障されるべき「人権」の内容は、その後の国連の実行とそこで作成・採択される条約に委ねられることとなった[7]。

　例えばケルゼン（Hans Kelsen）は、国連発足後間もない1950年に公刊された彼の著作の中で、国連憲章の前文や第1条、さらに13条1項や55条、62条2項、68条といった「人権」に関係する一連の規定では「人権」や「基本的自由」といった概念が厳密に整理されていない点を批判した上で、しかし国連憲章は人権および基本的自由の保障に関する「法的」義務を国連加盟国に対して課していないため、この点は法的には問題とならないと指摘していた[8]。

　国連の主要機関の中で、国連憲章の規定に基づいて「人権」に関する問題を扱う権限を付与された機関は、総会と経済社会理事会の2つである[9]。総

会と経済社会理事会の他にも、国連憲章76条cにおいて信託統治地域の住民の「人権及び基本的自由の尊重」が信託統治制度の主要目的の1つとして掲げられたため、信託統治理事会が信託統治地域の住民の人権および基本的自由の尊重に関して一定の責任を負うこととなった。但し、1994年には最後の信託統治地域であったパラオが独立を達成して国連の信託統治地域が消滅したため、国連の信託統治理事会はその任務を終了することとなり、憲章76条cとの関係での信託統治理事会の義務も事実上終了した。

　「人権」に関係する国連の主要機関のうち、国連総会に関する国連憲章の規定が、13条1項bである。国連憲章13条は、1項で「総会は、次の目的のために研究を発議し、及び勧告をする。」と規定し、1項bで「経済的、社会的、文化的、教育的及び保健的分野において国際協力を促進すること並びに人種、性、言語又は宗教による差別なくすべての者のために人権及び基本的自由を実現するように援助すること」と規定している。この13条1項bの「並びに」以下の部分、すなわち「人種、性、言語又は宗教による差別なくすべての者のために人権及び基本的自由を実現するように援助すること」（assisting in the realization of human rights and fundamental freedoms for all without distinction as to race, sex, language, or religion）が、国連総会が人権問題に関する権限を有する実質的な根拠規定となる。さらに、憲章13条2項では、「前記1bに掲げる事項に関する総会の他の責任、任務及び権限は、第九章及び第十章に掲げる。」と規定されている。

　憲章13条2項で言及された国連憲章の2つの章のうち、第9章は「経済的及び社会的国際協力」（International Economic and Social Cooperation）、第10章は「経済社会理事会」（The Economic and Social Council）に関する規定である。このうち第9章では、55条cおよび56条に「人権」に関係する規定が設けられている。55条は、第9章「経済的及び社会的協力」の冒頭に置かれた規定であるが、「人民の同権及び自決の原則の尊重に基礎をおく諸国間の平和的且つ友好的関係に必要な安定及び福祉の条件を創造するために、国際連合は、次のことを促進しなければならない。」と述べ、その

cにおいて、「人種、性、言語又は宗教による差別のないすべての者のための人権及び基本的自由の普遍的な尊重及び遵守」（universal respect for, and observance of, human rights and fundamental freedoms for all without distinction as to race, sex, language, or religion）と規定している。そして、次の56条では、「すべての加盟国は、第五十五条に掲げる目的を達成するために、この機構と協力して、共同及び個別の行動をとることを誓約する。」（All members pledge themselves to take joint and separate action in cooperation with the Organization for the achievement of the purposes set forth in Article 55.）と規定されている。

　以上のような国連憲章55条cの「人権及び基本的自由の尊重及び遵守」に関する規定と56条の「加盟国の誓約」の規定が、国連憲章の当事国（すなわち国連加盟国）に対して人権尊重の法的義務を課したものと解釈できるか否かに関しては、国連発足当初から議論が行われてきた。国連憲章の起草過程における経緯をたどると、現在の国連憲章56条に相当する条文は、1944年のダンバートン・オークス提案の草案には含まれておらず、1945年のサンフランシスコ会議において現在の憲章55条の審議の過程で現在の56条に相当する条文の新設が提案され、実現したものである[10]。国連憲章が採択されたサンフランシスコ会議における起草過程の分析から、この点に関してはこれを否定する見解と肯定する見解の双方が当初から存在していたとの解釈も示されている[11]。少なくとも国連発足当初は、憲章第9章のこれらの規定は国連加盟国に対して人権尊重に関する法的義務を課したものではない、との理解がかなりの程度有力であったものと理解できる[12]。そしてこの問題は、国連憲章の解釈論としては、憲章2条7項に規定された国内管轄権不干渉の原則との関係で議論が行われてきた。憲章2条7項は、「この憲章のいかなる規定も、本質上いずれかの国の国内管轄権内にある事項に干渉する権限を国際連合に与えるものではなく、また、その事項をこの憲章に基く解決に付託することを加盟国に要求するものでもない。」と明記していた。国連発足後初期においては、国連加盟国の国内における人の権利および保護

に関する問題は、少なくとも一定程度は当該国の「本質上国内管轄権内にある事項」（matters which is essentially within the domestic jurisdiction）に該当するものであり、国連が関与できる範囲は限られている、という見解も有力であった。しかし、国連発足から現在までの国連の実行は、この点に関して大きな変化と発展をもたらした。その具体的内容に関しては、本稿の以下で順を追って検討することとしたい。国連と人権をめぐる国連発足後の77年の歴史は、「人権」をめぐる諸問題が数多くの人権条約によって規律されるようになり、加盟国による「国内管轄権」の範囲を縮小して国際社会の最も重要な国際関心事項の1つに発展する歴史でもあったのである[13]。そこでは、南アフリカによるアパルトヘイトに対する国連を中心とした国際社会の実行等が、国連加盟国による「国内管轄権」の抗弁を封じる「国際関心事項」（a matter of international concern）概念の確立等に大きな影響を与えた[14]。そして、そこでは、人権問題がもはや「国内管轄権」内の事項ではないことは国際慣習法の一部として確立したと評価されるようになるのである[15]。

　さて、国連システムの下で「人権」に関して非常に重要な役割を果たしてきた主要機関が経済社会理事会であることは、ここで改めて指摘するまでもない。国連憲章は、62条2項において、経済社会理事会が「すべての者のための人権及び基本的自由の尊重及び遵守を助長するために、勧告をすることができる。」（may make recommendations for the purpose of promoting respect for, and observance of, human rights and fundamental freedom for all）と明記している。同時に国連憲章は、68条において、経済社会理事会が設けることのできる委員会として、「経済的及び社会的分野における委員会」「自己の任務の遂行に必要なその他の委員会」と並んで「人権の伸長に関する」（for the promotion of human rights）「委員会」（commissions）を設けることができることを明記した。国連発足以降、2006年に国連総会決議60/251により国連総会の補助機関として「人権理事会」（Human Rights Council）が設置されるまでの間、国連において「人権」に関して主要な役

割を果たしてきたのは、経済社会理事会と同理事会が憲章 68 条に基づいて 1946 年に設置した「国連人権委員会」（United Nations Commission on Human Rights: UNCHR）であった。

　以上、「国連と人権」という本稿における検討の「出発点」として、1945 年に国連憲章が規定していた「人権」に関する法規範と国連諸機関の権限等について概観した。国連発足から 21 世紀初頭までの間、国連において「人権」に関係する諸問題は、経済社会理事会およびその下に設けられた国連人権委員会等を中心として扱われていくことになる。もちろん、その間においても、「国際の平和及び安全の維持」という国連の目的との関係では安全保障理事会が、あるいは人権問題全般に関して国連総会が、それぞれ人権に関連する問題を審議し勧告や決定等を行う事例は見られた[16]。また、その間、前述したように、加盟国の「国内管轄権」内の事項であるという抗弁が次第に縮小していき、人権問題への国連の積極的関与が進んでいったことは注目に値する。さらに、国際連盟と同時期に発足して活動を行っていた国際労働機関（ILO）や国連発足後に設立された国連教育科学文化機関（UNESCO）が国連の専門機関となり、それぞれ労働問題や教育、科学、文化といったそれぞれの専門分野における人権に関する国際基準の設定等に大きく貢献する活動を行ってきたことも、見過ごすことのできない点である。

　それでは、次の 2 では、以上のようにして 1945 年に発足した国連が、その後現在に至るまでの間に「人権」に関する国際法規範とその保障のための制度や枠組をどのように発展させてきたかについて、歴史的にたどって確認することとしたい。

2　国連 77 年の歩み——「人権」に関する国際法規範と制度・枠組の発展

（1）　国連と「人権」に関する国際法規範の発展

　以下、この 2 では、(1)「人権」に関する国際法規範の発展に国連が果たした役割、(2)「人権」に関する国連における制度・枠組の発展、という 2 つの観点から、国連発足後現在に至るまでの 77 年間にわたる「国連と人権」の関係について整理することとしたい。

　最初に、「人権」に関する国際法規範の形成と発展における国連の果たしてきた役割について振り返ることとしたい。第 2 次世界大戦後の「人権」に関する国際法規範の発展の歴史の中で、2 つの重要な画期となったものが、1948 年に国連総会において採択された「世界人権宣言」と 1966 年に国連総会で採択された「国際人権規約」であることは、ほぼ異論のないところであろう。これら 2 つの国際文書は、世界的規模での普遍的な「人権」に関する国際文書であり、その後の人権に関する個別分野の普遍的条約や地域的な人権保障条約の基盤となる重要な意義を有するものであったと位置づけることができる。もちろん、前者は国連総会決議という法形式をとるものであるのに対して、後者は正式な国家間条約であるという国際法上の法形態に関する形式の差異はあるものの、「人権」に関する国際法規範の発展の歴史を総体的に振り返った場合、これら 2 つの国際文書が実質的に非常に重要な意義を有するものであったことは間違いないであろう。

　前者の「世界人権宣言」（Universal Declaration of Human Rights）は、国連憲章の条文中に具体的な人権のリストが明記されなかったことを受けて、国連では発足直後から「国際人権章典」（International Bill of Human Rights）の作成作業が始まり、具体的には国連の経済社会理事会の下に憲章 68 条に基づいて設置された国連人権委員会がその原案を起草することとなった [17]。国連人権委員会が作成した草案は、各国政府に送付され、その意

見を踏まえて国連の経済社会理事会および総会において審議がなされた。そして、1948 年 12 月 10 日に第 3 回国連総会において賛成 48・反対 0・棄権 8 により国連総会決議 3/217 として「世界人権宣言」が採択された[18]。国連総会において同決議に棄権したのは、ソ連を中心とする当時の東ヨーロッパの社会主義諸国 6 カ国と、サウジアラビア、南アフリカの合計 8 カ国であったが、反対票はゼロで採択された[19]。この「世界人権宣言」で具体的に明記された「人権」の内容を整理すると、第 1 条〜第 21 条までが（政治的権利を含む）いわゆる「自由権」、第 22 条〜第 26 条がいわゆる「社会権」に相当するものであり、さらに第 27 条の「文化的権利」や第 28 条の「社会的及び国際的秩序への権利」といった新たな権利類型に属するものも含まれていた。他方で、第 29 条においては、権利又は自由を行使する場合の他者の権利又は自由への配慮や社会との関係での義務が規定され、第 30 条では、権利や自由の名の下で権利や自由を破壊する行為は認められないことを規定していた。以上で整理したような「国際人権宣言」に規定された人権の内容は、同決議が採択された 1948 年の時点では国際法上の具体的な権利として明確に確立していたものとは必ずしも解されないものであったが、その後の国際人権規約やその他の多くの人権関係条約の採択・発効や国際社会における数多くの国家実行の集積等を経て、少なくとも今日においてはその大部分が国際慣習法上の権利として、あるいは特定の条約に基づく権利として、国際法上確立しているものと理解することができよう。

　以上で検討した「世界人権宣言」は、国際法上それ自身は法的拘束力を有しない国連総会決議の形式をとるものであったため、国連では「世界人権宣言」の採択後、法的拘束力を有する条約の形式による人権章典の起草作業を進めることとなった。その結果、1966 年 12 月 16 日に第 21 回国連総会において賛成 104（反対・棄権ゼロ）で採択されたものが、「経済的、社会的及び文化的権利に関する国際規約」（以下、「社会権規約」）「市民的及び政治的権利に関する国際規約」（以下、「自由権規約」）「市民的及び政治的権利に関する国際規約の選択議定書（以下、「自由権規約（第一）選択議定書」）であ

り、これらの条約（議定書を含む）は「国際人権規約」という総称で一般的
に呼ばれている。これら3つの条約と議定書（社会権規約、自由権規約及び
自由権規約（第一）選択議定書）は、いずれも1976年に発効した。その後、
1989年には自由権規約の第二選択議定書（死刑廃止を目指す自由権規約の
第二選択議定書）が採択され1991年に発効し、2008年には社会権規約の選
択議定書が採択され2013年に発効したことにより、「国際人権規約」を構成
する条約および議定書は全部で5つとなった。なお、日本は、1979年に社
会権規約と自由権規約を批准してその当事国となったが、3つの選択議定書
はいずれも批准しておらずその当事国となっていない[20]。

　このようにして、「世界人権宣言」という形で国連が提示した国際社会に
おいて保障されるべき「人権」の内容は、「国際人権規約」の採択と発効に
よって実定国際法上の基盤を確立し、その締約国に対して国際法上の義務と
しての「人権」保障の国内的実施を課す体制が整えられることとなった。し
かし、「国際人権規約」の規定する人権保障は、一般的・概括的な内容のも
のであり、これを人権のそれぞれの領域でさらに詳細に深堀りして各国にそ
の保障を義務づけるためには、個別の人権分野ごとのさらに詳細な国際条約
の作成が必要とされた。個別の人権分野における人権条約の起草と採択およ
び発効こそが、「国際人権規約」を補完して人権保障をさらに発展させ、実
定国際法としての国際人権法の内容を充実・強化することに実質的に大きく
寄与したのである。

　このような個別の人権分野における一般条約の先駆となったものとして、
1948年採択・1951年発効の「ジェノサイド条約」（集団殺害罪の防止及び処
罰に関する条約）と、1951年採択・1954年発効の「難民条約」（難民の地位
に関する条約）の2つを挙げることができよう。ジェノサイド条約は、ナチ
ス・ドイツによるユダヤ人大量殺戮の反省を踏まえて、「集団殺害」（ジェノ
サイド）を一般的に禁止し処罰するための条約であり、「人権」の最も根幹
となる部分を規律する条約であると同時に、その後の「国際刑事法」分野の
国際法規範の発展の基盤となる役割も果たすものでもあった。また、難民条

約は、その後の難民問題の新たな展開や国連難民高等弁務官事務所（UNHCR）といった国連機関の実行等を反映して新たな展開を遂げていくこととなるが、国際社会の古くからの課題である難民問題に関して一定の重要な基準と枠組を設けたという意味で、難民条約は重要な歴史的意義を持つものであったと解せる。国連との関係では、前者のジェノサイド条約は1948年12月9日の国連第3回総会で賛成56、反対0、棄権0、投票不参加2で採択され、後者の難民条約は1951年7月28日に「難民及び無国籍者の地位に関する国連全権会議」において採択された。

　その後作成された個別分野の人権保障に関する重要な一般条約として、1965年採択・1969年発効の「人種差別撤廃条約」（あらゆる形態の人種差別の撤廃に関する条約）、1973年採択・1976年発効の「アパルトヘイト防止条約」（アパルトヘイト罪の防止及び処罰に関する条約）、1979年採択・1981年発効の「女子差別撤廃条約」（女子に対するあらゆる形態の差別の撤廃に関する条約）、1984年採択・1987年発効の「拷問等禁止条約」（拷問及び他の残虐な、非人道的な又は品位を傷つける取扱い又は刑罰に関する条約）、1989年採択・1990年発効の「児童の権利条約〔こどもの権利条約〕」（児童の権利に関する条約）、2006年採択・2008年発効の「障害者権利条約〔障がい者権利条約〕」（障害者の権利に関する条約）、2006年採択・2010年発効の「強制失踪条約」（強制失踪からのすべての者の保護に関する条約）などを挙げることができる。これら7つの条約は、いずれも国連総会の場で採択されたものであり、それぞれの条約の起草・採択の過程で国連が大きな役割を果たしたことは疑いないところである[21]。

　さらに、「人権」分野での実定国際法規範の充実およびその履行確保のための条約体制の実質的強化を図るための法的手法として、これらの普遍的な人権条約の採択と同時に、あるいは条約採択の事後に、条約附属の議定書等を採択してその発効を目指すという方法が採られてきたことは、注目に値する。このような一般的な人権条約に附属する議定書という形で人権条約本体を補完して強化していく具体例として、1967年採択・1967年発効の「難民

の地位に関する議定書」、1989 年採択・1991 年発効の「自由権規約第二選択
議定書」（死刑の廃止を目指す「市民的権利及び政治的権利に関する国際規
約」の第二選択議定書）、1999 年採択・2000 年発効の「女子差別撤廃条約選
択議定書」（「女子に対するあらゆる形態の差別の撤廃に関する条約」の選択
議定書）、2000 年採択・2002 年発効の「武力紛争児童関与選択議定書」（武
力紛争における児童の関与に関する「児童の権利に関する条約［こどもの権
利条約］」の選択議定書）、2000 年採択・2002 年発効の「児童売買選択議定
書」（児童の売買、児童買春及び児童ポルノに関する「児童の権利に関する
条約〔こどもの権利条約〕」の選択議定書）、2002 年採択・2006 年発効の「拷
問等禁止条約選択議定書」（「拷問及び他の残虐な、非人道的な又は品位を傷
つける取扱い又は刑罰に関する条約」の選択議定書）、2008 年採択・2013 年
発効の「社会権規約選択議定書」（「経済的、社会的及び文化的権利に関する
国際規約」の選択議定書）、2011 年・2014 年発効の「児童の権利条約個人通
報手続選択議定書」（通報手続に関する「児童の権利に関する条約〔こども
の権利条約〕」の選択議定書）等を挙げることができる。

　このような普遍的な人権条約に附属する議定書等の採択・発効を通じて、
まずは受入れ可能な締約国から先行して人権保障義務の内容を「深化」させ
せ、同時に履行監視手続を「強化」していくという極めて実際的な「段階
的」方法論は、国連発足後 77 年の歴史を全体として振り返った場合、「人
権」に関する国際法規範の内容の深化と履行確保手続の精緻化に大きく寄与
したものと考えられる。これは、1945 年の国連憲章採択時に憲章 2 条 7 項
が規定した「国内管轄権不干渉」の原則に含意された国連加盟国の「国家主
権」の尊重を一定の範囲で前提とした上で、各国からの「反発」を（必要以
上に）招くことを避けながら個別分野での人権保障の実質的内容と履行確保
手続を「深化」させていくための、ある種極めて現実的で「巧みな」方法論
であったと理解することができる。以上のような国連発足後現在に至るまで
の 77 年間に国連が「人権」保障を深化し実質化させていくために方法論に
対しては、国際的に統一された一律の人権基準の設定が本来望まれるといっ

た理想主義的観点からはこれを阻害するものとして批判も提起され得るであろうが、国際社会の現実を踏まえた場合には実現可能な最適の方法であったと評価することもできよう。

（2）「人権」に関する国連の制度・枠組の発展

以上（1）では、国連発足後現在に至るまでの「人権」をめぐる国際法規範の内容の発展に関して整理したが、次にここでは国連における「人権」に関する制度と枠組の発展について概観することとしたい。

本稿の1（2）で整理した通り、国連発足当初、国連システム全体の中で「人権」に関する問題を主として所掌する機関と位置づけられたものは経済社会理事会であり、その活動の中心を担ったのは、国連憲章68条に基づき経済社会理事会の下に設けられた国連人権委員会であった。この国連人権委員会は、発足当初は経済社会理事会で選出された18の国連加盟国で構成されていたが、委員会構成国の数はその後1966年に32、1978年に43、1991年には53へと増員された。

国連人権委員会の果たした役割の中で大きな部分を占めたのは、前述の（2）で紹介した多くの普遍的人権条約の起草作業である。1948年採択の「世界人権宣言」と1966年採択の「国際人権規約」という2つの国際文書の作成は、同委員会の大きな成果であったし、人種差別撤廃条約や拷問等禁止条約、児童の権利条約〔こどもの権利条約〕の作成にも同委員会は貢献した。他方で、国連人権委員会は、1960年代までの間は個別の人権状況の履行監視等の機能の遂行には必ずしも積極的ではなかった。国連人権委員会が、個別の人権侵害問題等に積極的に関与するようになるのは、1966年に国際人権規約が採択されて同委員会の条約起草の役割が一段落した後のことであった。1967年の経済社会理事会決議1235（ⅩLⅡ）により設けられたいわゆる「1235手続」（「特別手続」）と1970年の経済社会理事会決議決議1503により設けられたいわゆる「1503手続」（「通報手続」）は、国連人権委員会が個別の人権侵害事例に対して関与するための重要な手続となった。このよう

に、1970 年代以降、国連人権委員会による「人権」をめぐる活動の範囲は大きく拡大したが、1990 年代から 21 世紀を迎える前後には、人権委員会はその能力を超えた膨大な案件を抱えることとなって一種の機能不全に陥ると同時に、「人権」概念そのものをめぐる国連加盟国間の激しい政治的対立のいわば「主戦場」と化してしまった。

　このような国連システム全体の中での「人権」をめぐる制度と手続に関する機能不全の状況を改善するため、2004 年の国連のハイレベル・パネル報告書および 2005 年のコフィ・アナン（Kofi Annan）国連事務総長による国連改革提言「より大きな自由を求めて」（*In Larger Freedom*）において、人権委員会の人権理事会への「格上げ」が提案された [22]。これは、「人権」の観点からすれば、「人権の主流化」のための国連制度改革の「目玉」となるものでもあった [23]。2006 年 3 月 15 日に国連第 60 回総会で採択された「人権理事会創設決議」（国連総会決議 60/251）（アメリカ、イスラエル、マーシャル諸島、パラオのみが反対票）によって、国連総会の補助機関として「人権理事会」（Human Rights Council: UNHRC）の創設が決定され、この人権理事会創設によって、国連における「人権」に関する審議機関は「経済社会理事会―人権委員会―差別防止少数者保護小委員会」から「総会―人権理事会―人権理事会諮問委員会」というラインへと移管されることとなった [24]。

　このようにして創設された国連の人権理事会は、これまでの人権委員会の活動を一定程度引き継ぐと同時に、すべての国連加盟国の人権状況を定期的に審査する「普遍的定期審査制度」（Universal Periodic Review: UPR）を新たに導入した [25]。従来の人権委員会における国別審査では、審議対象とされる国の選び方が恣意的であると批判される場合があったが、UPR の下ではすべての国連加盟国が定期的にその国の人権実施状況に関して審査を受けることとなり、その点に関する問題は一定程度解決されたと評価することができる [26]。人権理事会は依然としていくつかの大きな課題を抱えているものの、人権理事会の創設とその新たな活動の展開によって、国連における「人

権」に関する取組は新たな段階を迎えたものと理解することができよう。

　以上、この（2）で検討した「人権」に関係する国連の「主要機関」および
その補助機関以外にも、特に「人権」に関する重要な役割を担う国連機関
として国連難民高等弁務官（The United Nations High Commissioner for
Refugees: UNHCR）と国連難民高等弁務官事務所、そして国連人権高等弁
務官（The United Nations High Commissioner for Human Rights: UNHCHR）
と国連人権高等弁務官事務所を挙げることができる。国連難民高等弁務官事
務所は、1949 年 12 月の国連総会決議 4/319 に基づいて国連総会の補助機関
として設置されることが決定され、1950 年 12 月の国連総会決議 5/428 に
よって事務所規程が採択されて翌 1951 年に正式に発足した。UNHCR の難
民保護に関する幅広い活動の成果は高く評価されており、1954 年と 1981 年
にはその活動に対してノーベル平和賞が授与されている。また、国連人権高
等弁務官は、東西冷戦終結後の 1993 年にウィーンで開催された「世界人権
会議」の成果文書である「ウィーン宣言及び行動計画」（Vienna
Declaration and Programme of Action）を踏まえて、1994 年 12 月の国連総
会決議 48/14 においてその設置が決定され、その事務局である国連人権高等
弁務官事務所が人権関係の国連の諸活動の事務局機能の多くを担うこととと
なった。

　なお、本稿における以上の検討では、国連本体における「人権」に関係す
る諸機関を取り上げたが、国際的な「人権」保障に関する実際の活動に関し
ては、国連以外にも、各種の人権条約に基づいて設置された条約の履行監視
機関や履行監視制度、そして地域的な人権条約に基づいて設置された地域的
な人権裁判所や人権委員会等が重要な役割を果たしていることにも、ここで
改めて付言しておきたい。

3　その到達点——2022 年における「国連と人権」

　2022 年 2 月下旬に開始されたロシアによるウクライナ侵攻は、国際社会

の多くの人々を驚愕させたが、国際社会の基本原則と国際法秩序そのものにも深刻な影響を与えることとなった。本稿の検討対象である「国連と人権」との関係でも、国連憲章の冒頭に明記されている「国際の平和及び安全の維持」（憲章1条1項）と「人権及び基本的自由の尊重」（同1条3項）という国連の2つの主要目的がいかに密接不可分の関係にあるかが、このウクライナの事態を通して21世紀の現代において強く再認識されることとなったのである。

　ロシアによるウクライナ侵攻を受けて国連は、まず「人権」との関係では、2022年3月4日に国連人権理事会緊急会合において、ロシアによるウクライナ侵略を強く非難するとともに、ロシアによる国際人道法違反の疑いを調査する委員会を設置する決議が、賛成32、反対2（ロシア、エリトリア）、棄権13（中国、インド、パキスタン、キューバ等）により採択された[27]。また、2022年2月28日には、国際刑事裁判所（International Criminal Court: ICC）のカーン主任検察官（Karim A. A. Khan）が、本件に関する戦争犯罪に関する捜査を開始することを発表している[28]。他方で、「国際の平和及び安全の維持に関する主要な責任」（primary responsibility for the maintenance of international peace and security）を負う機関（国連憲章24条1項）である国連の安全保障理事会においては、ロシアのウクライナ侵攻を非難しロシアに対して無条件でのウクライナからの撤兵を要求する決議案が2022年2月25日にロシアの反対（いわゆる拒否権行使）によって否決された[29]。これを受けて、2月27日に国連安保理において、いわゆる「平和のための結集決議」（Uniting for Peace Resolution）に基づく国連総会緊急会合の開催を求める安保理決議2623が賛成11、反対1、棄権3で採択された[30]。これを受けて招集された国連総会の第11回緊急会合は、2022年3月2日に「ウクライナに対する侵略」（Aggression for Ukraine）と題する決議案を賛成141、反対5、棄権35により採択した[31]。国連総会が採択した同決議の本文は全部で11項目から構成されているが、「ロシア連邦によるウクライナに対する侵略を憲章2条4項に違反するロシア連邦によるウクライナに対する

侵略を最も強い言葉で非難する」（2項）と同時に、「すべての国際人道法の
違反並びに人権の違反及び侵害を非難し、適用される 1949 年のジュネーブ
条約及び 1977 年の第一追加議定書を含む国際人道法の関係規則を厳格に遵
守し、国際人権法を尊重することをすべての当事者に対して要求する」（11
項）と述べている。その後、国連総会は、4 月 7 日にロシアの国連人権理事
会の理事国資格を停止する決議を賛成 93、反対 24、棄権 58 で採択した。

　このように、2022 年 2 月に発生したウクライナをめぐる新たな状況は、
「国連と人権」をめぐる問題が「国連と平和」をめぐる問題と密接不可分な
ものであることを改めて強く認識させることとなった。また、国際社会にお
ける「人権」をめぐる問題を特に武力紛争との関係で考察する場合、国際法
上の個人の刑事責任の問題との関連も問われなければならない。すなわち、
国際刑事裁判所（ICC）が活動開始以降の国際社会の実行の集積による「国
際刑事法」の発展、とりわけ戦争犯罪や「侵略」犯罪をめぐる国際法に基づ
く「個人」に対する責任追及のあり方と「国際人権法」の体系との関係をど
のように理論構築すべきか、という課題である[32]。

　以上本稿で概観した通り、「国連と人権」というテーマは、77 年の歴史の
中で数多くの人々のさまざまな英知と努力が積み重ねられてきたものの、い
まだに未完の人類全体にとっての検討課題であるといえよう。

注

1　この他にも国際連盟規約では、「委任統治」に関する規約 22 条の規定の中で、
　委任統治地域の住民に対する委任国による権利保障が一定の範囲で規定されてい
　た。但し、そこで保障される権利の内容は、それぞれの委任統治地域ごとに異
　なっていた（22 条 4 項～ 6 項の各条文参照）。
2　国際労働機関（ILO）は、ヴェルサイユ条約第 13 編「労働」に基づいて創設
　された国際組織であったが、1946 年には国連の最初の専門機関となり、今日に
　至るまで数多くの条約（ILO 条約）と勧告を採択して国際労働基準の設定等に
　大きく貢献している。
3　高野雄一『国際組織法〔新版〕』有斐閣、1975 年、141-142 頁。

4　サンフランシスコ連合国会議（国際機構に関する連合国会議：United Nations
Conference on International Organization）は、米英ソ中の主要連合国4カ国が
招集し。「連合国宣言」に1945年3月1日までに署名した連合国42カ国が招請
されたが、会議開始後にアルゼンチンとデンマークの2国とソ連を構成するウク
ライナとベラルーシの2国も招請され、合計50カ国が参加した。なお、ポーラ
ンドは、サンフランシスコ会議に招請されながら、ソ連が援助するルブリン政府
と米英が支援するロンドン亡命政府との対立が解けず、サンフランシスコ会議に
参加できなかったが、同会議で採択された国連憲章には署名したため、国連憲章
に署名した国連の「原加盟国」（国連憲章3条）は、サンフランシスコ会議に参
加し連合国50カ国にポーランドを加えた51カ国ということになった。ウクライ
ナ（およびベラルーシ）がソ連とは別個の国連の「原加盟国」としての法的地位
が認められていた点や、当時のポーランドが置かれていた地政学的状況等は、現
在のウクライナをめぐる情勢を考えた場合、留意されるべき歴史的事実であろ
う。

5　これは、1941年1月にアメリカ大統領ルーズベルトが一般教書演説の中で述
べたいわゆる「4つの自由」（「言論及び表現の自由」「信教の自由」「欠乏からの
自由」「恐怖からの自由」）や1942年1月の「連合国共同宣言」の中で述べられ
た「生命、自由、独立及び宗教的自由を擁護するため」並びに「自国の領土及び
他国の領土において人類の権利及び正義を保持するため」という連合国の第2次
世界大戦の戦争目的を（ある程度）反映したものと理解できようが、他方で国際
連盟規約23条の枠組から大きく発展したものとは必ずしも考えられないもので
もあった。

6　1944年8月〜10月のダンバートン・オークス会議から1945年4月〜6月の
サンフランシスコ会議に至る間の国連憲章草案中の「人権」関係の条文の変化の
背景等に関しては、申惠丰『国際人権法〔第2版〕』信山社、2016年、16-17頁
参照。

7　Bruno Simma, Daniel-Erasmus Khan, Georg Nolte and Andreas Paulus, eds.,
The Charter of the United Nations, A Commentary, Third Edition, Volume I
(Oxford: Oxford University Press, 2012), p. 115.

8　Hans Kelsen, *The Law of the United Nations, A Critical Analysis of Its
Fundamental Problems* (New York: Frederick A. Praeger, 1950), pp. 27-32. こ
こでケルゼンは、国連発足後1948年に生じた「南アフリカにおけるインド系住

民の待遇」に関する事件についての国連での対応を具体的事例として挙げ、国連
憲章は国連加盟国に対して人権尊重の法的義務を課していないとの解釈が実行上
支持できることを詳述している。*Ibid.*, pp. 30-32.

9　国連憲章 7 条 1 項は、総会、安全保障理事会、経済社会理事会、信託統治理事
　会、国際司法裁判所および事務局の 6 つの機関を「国際連合の主要機関」(the
　principal organs of the United Nations) と定義している。

10　国連憲章 56 条の規定は、1945 年のサンフランシスコ会議において現在の国連
　憲章 55 条の条文に関する審議の過程でカナダ代表から出された提案をもとに独
　立した条項を設けることとなり、オーストラリア代表提案による条文案を基礎と
　してアメリカ代表およびソ連代表なども最終的にこれに同意して、現在の憲章
　56 条の条文が採択されることとなった。このような憲章 56 条の起草過程に関し
　ては、Leland M. Goodrich, Edvard Hambro and Anne Patricia Simons, *Charter
　of the United Nations, Commentary and Documents*, Third and Revised Edition
　(New York: Columbia University Press, 1969), pp. 380-381.

11　*Ibid.*, p.381.

12　例えば、本稿で先に紹介したケルゼンの見解参照。Kelsen, op.cit., pp.27-32.

13　国際法上の「人権」保障と国連憲章 2 条 7 項に基づく「国内管轄権」との関係
　をめぐる国際実行の歴史的展開を分析したものとして、Simma, Khan, Nolte and
　Paulus, eds., *op.cit.*, pp. 296-299.

14　*Ibid.*, pp. 296-297.

15　*Ibid.*, p. 297.

16　このような例は、4 次にわたる中東戦争の結果生じたパレスチナ難民問題や、
　南アフリカのアパルトヘイト(人種隔離政策)への対応、さらには湾岸戦争やイ
　ラク戦争、シリア内戦などをめぐる人道危機など国際的な武力紛争に関連した事
　例等において、多く見られる。

17　この国連人権委員会の初代委員長は、第 32 代アメリカ大統領フランクリ
　ン・ルーズベルトの夫人であるアナ・エレノア・ルーズベルト(Anna Eleanor
　Roosevelt)が務めた。

18　ソ連を中心とする当時の社会主義諸国は、より具体的に「ファシズムと戦う責
　任」を明記すべきという立場から、サウジアラビアはイスラム教との整合性の観
　点から、南アフリカは自国の人種政策との関連から、それぞれ同決議案に棄権し
　た。尾崎久仁子『国際人権・刑事法〔第 2 版〕』信山社、2021 年、101 頁。

19 国連総会で棄権した 8 カ国は、ソ連、白ロシア（現在のベラルーシ）、ウクライナ、チェコスロバキア、ポーランド、ユーゴスラビア、サウジアラビア、南アフリカであった。なお、白ロシア（現在のベラルーシ）とウクライナには、（当時のソ連とは別に）国連の「原加盟国」としての地位が認められていた。

20 自由権規約第一選択議定書と社会権規約選択議定書は、いずれも規約上の権利の侵害に関して各規約人権委員会に対する個人通報を認めることを締約国に義務づけるものであり、自由権規約の第二選択議定書は、自由権規約 6 条および 7 条との関係で死刑を廃止することを締約国に義務づけるものである。

21 1965 年 12 月 21 日第 20 回国連総会で「人種差別撤廃条約」採択、1973 年 11 月 30 日第 28 回国連総会で「アパルトヘイト防止条約」採択、1979 年 12 月 18 日第 34 回国連総会で「女子差別撤廃条約」採択、1984 年 12 月 10 日第 39 回国連総会で「拷問等禁止条約」採択、1989 年 11 月 20 日第 44 回国連総会で「児童の権利条約」〔こどもの権利条約〕採択、2006 年 12 月 13 日第 61 回国連総会で「障害者権利条約」〔障がい者権利条約〕採択、2006 年 12 月 20 日第 61 回国連総会で「強制失踪条約」採択。

22 "Report of the High Level Panel on Threats, Challenges and Change," UN Document, A/59/565, para.283, 1 December 2004; UNGA Report of the Secretary-General, *In Larger Freedom*, UN Document, A/59/2005, 21 March 2005.

23 横田洋三編『新国際人権入門』法律文化社、2021 年、15 頁（横田教授執筆）。

24 2007 年 6 月の人権理事会決定によって、これまで人権委員会の下で活動していた「差別防止少数者保護小委員会」（「人権小委員会」）は廃止され、これに代わるものとして「人権理事会諮問委員会」（Human Rights Council Advisory Committee: HRCAC）が設置された。この諮問委員会は、従来の人権小委員会の活動を実質的に一定程度引き継ぐものであり、18 名の選挙で選出される個人資格の委員から構成され、2008 年からその活動を開始した。

25 Simma, Khan, Nolte and Paulus, eds., *op.cit.*, pp. 740-741. なお、この Simma らによる国連憲章の注釈書では、この国連人権理事会新設に関する問題は、国連総会の補助機関設置権限を規定した国連憲章 22 条の注釈の部分で説明されている。

26 加藤信行、植木俊哉、森川幸一、真山全、酒井啓亘、立松美也子『ビジュアルテキスト国際法〔第 2 版〕』有斐閣、2020 年、96 頁（立松教授執筆）。

27 "Situation of human rights in Ukraine stemming from Russian aggression,"

Resolution adopted by Human Rights Council, UN Document, A/HRC/RES/49/1, 4 March 2022. なお、国連人権理事会における同決議に関する理事国の賛成、反対、棄権の状況は、次の通りである。賛成（32 カ国）：アルゼンチン、ベニン、ブラジル、コートジボアール、フィンランド、フランス、ガンビア、ドイツ、ホンジュラス、インドネシア、日本、リビア、リトアニア、ルクセンブルク、マラウィ、マレーシア、マーシャル諸島、モーリタニア、メキシコ、モンテネグロ、ネパール、オランダ、パラグアイ、ポーランド、カタール、韓国、セネガル、ソマリア、ウクライナ、アラブ首長国連邦、イギリス、アメリカ。反対（2 カ国）：エリトリア、ロシア。棄権（13 カ国）：アルメニア、ボリビア、カメルーン、中国、キューバ、ガボン、インド、カザフスタン、ナミビア、パキスタン、スーダン、ウズベキスタン、ベネズエラ。

28　Statement of ICC Prosecutor, Karim A. A. Khan, on the Situation in Ukraine, 28 February 2022, accessed 1 March 2022.

https://www.icc-cpi.int/Pages/item.aspx?name=20220228-prosecutor-statement-ukraine.

29　国連加盟国 80 カ国が共同提案国となった同決議案は、2022 年 2 月 25 日の安保理で投票に付されたが、賛成 11（アメリカ、イギリス、フランス、ブラジル、アイルランド、ガーナ、ガボン、ケニア、ノルウェー、メキシコ）、反対 1（ロシア）、棄権 3（中国、インド、アラブ首長国連邦）で、国連憲章 27 条 3 項が規定する安保理の非手続事項の決定手続が適用されたため、常任理事国ロシアの反対により否決された。

30　この安保理決議 2623 に関しても、安保理における投票結果は 2 月 25 日の決議案の場合と全く同じ（賛成 11、反対 1（ロシア）、棄権 3（中国、インド、アラブ首長国連邦））であったが、こちらの決議案は国連憲章 27 条 2 項の規定する安保理の手続事項の決定手続が適用されたため、ロシアの反対にもかかわらず「9 理事国（以上）の賛成投票」という憲章 27 条 2 項の要件を満たし、決議は有効に採択された。「平和のための結集決議」（Uniting for Peace Resolution）は、1950 年 11 月 3 日に国連総会決議 5/377 として採択されたものであり、当時安保理の常任理事国であったソ連の安保理欠席を利用して安保理において朝鮮戦争に関する「平和に対する脅威」の決定といわゆる朝鮮国連軍派遣の勧告を行っていたアメリカを中心とする諸国が、ソ連の安保理復帰後の拒否権行使を想定して、国連憲章 39 条が規定する「平和に対する脅威」「平和の破壊」「侵略行為」があ

ると思われる場合に安保理が（常任理事国による拒否権行使等のため）「国際の
平和及び安全の維持に関するその主要な責任」を遂行しえなくなったときに、総
会の緊急特別会期を開くよう要請できることを定めたものである。なお、「平和
のための結集決議」によれば、総会の緊急特別会期を開くよう要請できるのは、
国連憲章 27 条 2 項に従って安保理の 9 理事国の賛成投票がある場合または国連
加盟国の過半数の賛成がある場合とされており、今回は前者の該当する事例で
あった。なお、国連総会の緊急特別会期は、「国際の平和及び安全を維持し又は
回復するための集団的措置を執るように加盟国に対して勧告を行う目的をもっ
て」問題を審議すべきものとされ、またこの「集団的措置」に関しては「平和の
破壊又は侵略行為の場合には必要に応じ兵力を使用することを含む」と明記され
ている点も、注目に値する。但し、この「平和のための結集決議」が実際に用
いられて初めての国連総会緊急会合が開催された 1956 年のスエズ動乱（第 2 次
中東戦争）の際にも、現地に派遣された（第 1 次）国連緊急軍（UNEF Ⅰ）は
（関係国の同意等を前提とした）いわゆる平和維持活動（PKO）としての派遣で
あり、いわゆる朝鮮国連軍型の「強制行動」ではなかったことには注意する必要
がある。

31　UN Document, A/ES-11/L.1, 1 March 2022.

32　このような「国際人権法」と「国際刑事法」の関係性について、両者の「構造
　　的同一性」とその実際上の相違点を整理したものとして、寺谷広司「人権の国際
　　保障における刑事的規律――国際人権法と国際刑事法の構造的同一性と展開の諸
　　態様」寺谷広司編『国際法の現在：変転する現代社会で法の可能性を問い直す』
　　日本評論社、2020 年、264-278 頁。

2　ビジネスと人権：
「人間の安全保障」の視点から

佐　藤　安　信

はじめに

　2020 年 10 月に日本政府もその行動計画を採択したことにより、2011 年の国連の「ビジネスと人権」に関する指導原則（指導原則）は、ようやく日本でも本格的に動き出したといえよう。最近は、大手法律事務所も、人権を企業の新たな法的リスクと考え、取引先が人権侵害に関係していないかを調査する、指導原則で求められる「人権デューデリジェンス（due diligence）」をその回避策として指南するような業務を開始している。では、指導原則によって、グローバル市場経済で繋がった世界の人権侵害は少なくなり、防止され、あるいは被害者は救済されているのだろうか。企業活動による構造的暴力ともいうべき、人権侵害の温床は排除され、その連鎖は絶たれ、人々は自由を謳歌できるようなチャンスを等しく得られるようになっていくのであろうか。

　本稿は、その問題意識のもとに、指導原則の背景となった「人間の安全保障」概念に立ち戻って、その課題を考察する。そのうえで、これを克服し、指導原則を補完することを目的とした、企業のための「人間の安全保障」指標策定プロジェクトを紹介する。指導原則同様、これまでの国連を中心として生成されてきた非拘束的文書であるソフト・ローを実効化するのは、市民社会の監視と、それに基づく改善を促す企業や NGO などを含む非国家主体を含めた、マルチ・ステークホルダーのネットワークである。2018 年 12 月

に採択された国連の「難民に関するグローバル・コンパクト」は、ハード・ローを中心とした難民の国際保護レジームを、そのようなネットワークによりソフト・ローで補完しようとした。しかし、止まるところを知らない難民の激増は、主権国家体制がもはや現代のグローバル社会のガバナンスには不適合であることを露呈する。今や、主権国家体制という国際秩序の制度的保障をしてきた国連の存在意義そのものが問われているともいえよう。

逆にいえば、冷戦後の「人間の安全保障」理念の提起から始まった、一連の国連によるトランスナショナルなソフト・ローの推進こそ、国連の新たな存在意義、すなわち、グローバル・ガバナンスのためのマルチ・ステークホルダーによるネットワーク推進という国連の新たな役割へのパラダイムシフトを意味しているのではないであろうか。

おりしも、2021 年 2 月 1 日に、民主的選挙結果を拒否してきたミャンマー国軍がクーデターを起こし、これに抗議する市民を公然と虐殺する大規模な人権侵害が未だに続いている。さらに同年 8 月にはカブールのアフガニスタン政府がタリバンに制圧され、民主化に協力してきた人々への殺戮や人権侵害が報告されている。世界は、また新たな大量の難民、国内避難民（Internally Displaced Persons: IDP）、その他の避難民を抱えることとなり、国連は目に見える成果を挙げられていない。本稿では、日本企業が多数直接投資を進めてきたミャンマーを事例として取り上げ、「人間の安全保障」の観点から、指導原則を駆使してこのような危機的状況に対応するため、今国連は何ができるか、そのために日本は何をすべきかを検討する。

1　国連の「ビジネスと人権」に関する指導原則の課題と展望

（1）　指導原則の意義

2011 年に国連人権理事会で支持された指導原則は、いうまでもなく、これまでの国連による人権にかかる国際的保障の枠組みを超え、サプライチェーン上の企業に直接働きかけてその責任を問うものであり、画期的試み

といえる。人権諸条約の批准のあるなしを問わず、また指導原則自体に国家に対して法的拘束力はないとは言いながらも、国際的に認知されている人権を保護する義務を負わせることで、人権遵守を促す。これまでの普遍的定期的審査（UPR）による各国政府の人権問題を審査するという消極的なアプローチから、むしろ、国別行動計画（NAP）の策定を求め、各国の実情に応じた取り組みを推進、奨励するという積極的なアプローチに転換しようとしていることも、評価できる。さらに、人権侵害の被害者へ救済への具体的な取り組みが求められたことも注目に値するといえよう。指導原則は、この「国家の人権保護義務」、「企業の人権尊重責任」および「救済へのアクセス」の３つの柱と、これを実効化するための手段としての「人権デューデリジェンス」[1]という商慣行を企業に求めたことで、法的拘束力のないソフト・ローと言いながらも、市場の監視と排除を通じた履行を実質上迫ることで、より強力な実効性が期待できるものである。なぜなら、とりわけ途上国では、司法は十分に機能しているといえないばかりか、日本でも判決で企業に強制できる救済は限られ、象徴的な意味合いが大きいからである。むしろ、不買運動で売り上げが落ち、株価が下がり、金利が高くつくという市場による制裁の方が、企業にとっては命取りであり、損得勘定の利潤追求を日常的に行う企業にとっては有効である。人権責任を果たしていないという評判が立ち、評価が下がってブランド価値が傷つくことの方が、はるかに高くつくからである。だからこそ、「コスト」を下げるためにも人権侵害に関わらないように予防しようとすることが期待されるのである。つまり、環境問題同様、人権を企業の払うべき新たな「コスト」に入れることは、市場参加者の意識の向上とともに徐々に浸透しているといえよう。

（2）　指導原則の課題

　しかし筆者は、かつてこのような楽観論には懐疑的、悲観的な見解をもち、その実施過程を批判的に検証してきた。筆者は、1992年から１年余り、国連カンボジア暫定統治機構（UNTAC）の人権担当官としてカンボジアの

農村、漁村で現地の人々と生活を共にした。その後のカンボジアにおける人権にかかる実情の現地調査も何度となく重ねてもきた。その結果、先進国へ繋がっているサプライチェーン上の途上国の人権問題は、この指導原則がターゲットにしたことで、かえってサプライチェーン上から「見えない化」されつつあることを指摘した。悪質な関係企業が市場から排除されるのではなく、これまでなんとか真面目に働いて生きてきた現地の人々がいきなり労働市場から排除されることで、さらに苦境に陥りかねない。人権侵害の被害者とされた者が、救済どころか排除、抹殺されるという意味で、二重の人権侵害を招来してしまう危険性を指摘し、警鐘を鳴らしてきた[2]。

　指導原則は、いうまでもなく、アナン（Kofi Annan）事務総長のイニシアティブによる 2000 年の国連グローバル・コンパクト以来積み重ねてきた、非国家主体をターゲットにした法的拘束力のない行為規範、すなわち、ソフト・ロー[3]による主権国家体制のギャップを埋めるグローバル・ガバナンスの切り札でもある。国家間の法である国際法では直接法的に拘束できない民間企業などが、市場経済のグローバル化で国家以上に力を持つ現代、これを直接規律する規範が切望されたのである。

　逆にいうと、国連は、国益によって阻まれる条約などの国際法による主権国家を通じた規範化を当面回避して、トランスナショナル・ローを発展させるという、新たなグローバルな立法メカニズムを獲得したといえよう。同じ非国家主体として、国連の正式メンバーでもない NGO などの市民社会の運動を背景に、市民社会による企業の監視、抑制、制裁という新たな枠組みを通じて、このソフト・ローを市場からの排除を武器に執行する。デューデリジェンスとは、本来企業買収（M&A）に必要な相手企業の法的リスクなどを綿密に調査することで、企業法務の花形でもある。その業務に見立てて「人権デューデリジェンス」という詳細な手続きを指導原則に盛り込むことで、民間企業のコンプライアンス部門とそのために働く企業弁護士を取り込んだのである。サプライチェーンといわれる日々の取引の流れにおける契約交渉などの企業活動のプロセスに、この慣行を取り組むことで、民商事法に

も人権が組み込まれる。さらに、ハード・ローのように裁判所で執行される
余地はなくとも、企業統治や、市場での売り上げ、株価に反映される、企業
活動の評価、評判、価値を左右することによって、市場が執行を担保すると
いうしたたかな戦略である。

（3）　指導原則の展望

　これまでグローバルスタンダードと称して、市場のルールを牛耳ってきた
欧米の先進国を中心に、指導原則を機能させるための国内立法によって、さ
らには、立法手続を経ずとも、ある種の慣習法として定着していくことで、
今や指導原則はハード・ロー化しつつあるともいえる[4]。実際に、これまで
の実績を基に、指導原則を条約化して、国際法としての拘束力を持たせよう
という動きも進んでいる。国連人権理事会には2014年6月26日の
Resolution 26/9 によって、指導原則を法的拘束力のある条約とするための
Open-End Intergovernmental Working Group（OEIWG）が設置され、
2022年2月28日から3月25日までの第7回会合で3次草案が審議される
ことになっている[5]。さらに、指導原則に呼応して2011年に人権の章を追
加した「OECD多国籍企業ガイドライン」に規定される National Contact
Point（NCP）という先進国の通報窓口が十分機能しないことから、直接、
先進国などに本社をおく多国籍企業に対する人権侵害責任追及のための訴訟
も増加している。このような背景から、人権侵害が訴訟リスクとしてみなさ
れ、日本の法律事務所でも情報提供などを始めている[6]。

　しかし、企業がこれを重大リスクとして尊重しても、実際に全てのサプラ
イチェーンをチェックして、いずれの国やコンテキストでも人権侵害に関わ
らないとするには、膨大なコストもかかる。企業は、そもそも人権保障の機
関ではない。各企業にはそれぞれ社是などもあり、また元々社会への貢献が
あるからこそ、会社法により守られているわけであるが、企業活動を継続す
るには収支の帳尻を合わせ、利潤を出し、投資家にこれを配当することが必
要である。このために、新たにかかるコストに見合う価格設定をして、その

一部を消費者に負担してもらわざるをえない。しかしそれでは高すぎて売れないなど、競争力がないとなると、当然、サプライチェーンの上流である原材料の仕入れ調整や、下請け企業へのコストやリスクの転嫁を図ったりすることになる。つまりサプライチェーンの流れは逆流して、とどのつまり、途上国の労働者の労賃にまで跳ね返る恐れがある。

　そもそも、途上国の劣悪な労働環境などを改善するために導入された指導原則の理念が、現場の実践の中で有効に機能するかは、従来のような労働集約的な企業活動をそのまま維持する限りは、矛盾する。このジレンマを解消するためのいわゆる、*Race to the Bottom* から *Race to the Top* への発想の転換を促し、価格に乗せる価値創造や社会インパクトをもたらす新たな技術開発や組み替えといったイノベーションに企業が取り組めるのかが、鍵となるであろう。

2　指導原則を補完する、企業のための「人間の安全保障」指標（CHSI）プロジェクト

（1）　CHSI プロジェクトのねらいと概要

　このような問題意識から、東京大学持続的平和研究センターと、「ビジネスと人権」ロイヤーズネットワークでは、企業の人権伸長への取り組みを促すことを目的として、企業のための「人間の安全保障」指標（CHSI）を策定する試みを始めている。これは、指導原則が人権侵害をするビジネスを市場から排除することによる副作用として、脆弱な人々が市場アクセスのチャンスを奪われるというリスクに鑑みて、そのような人々のエンパワーメントへの企業努力を評価しようとするものである。つまり、企業の人権への取り組みを、まず「ベースライン評価」として、企業活動が人権侵害に加担して負の影響を抑える「保護」を人権尊重と救済の度合いで評価する。と同時に、反面アジアの途上国のような人権状況が不十分なリスクのある環境で、人々の生活環境を改善し、自立と自律につながる企業の努力を「エンパワー

図1　企業のための「人間の安全保障」指標（CHSI）の構造[7]

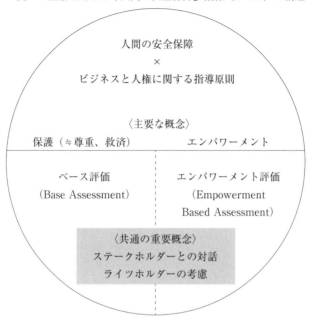

人間の安全保障

×

ビジネスと人権に関する指導原則

〈主要な概念〉

保護（≒尊重、救済）　　　　　　　エンパワーメント

ベース評価　　　　　　　　エンパワーメント評価
（Base Assessment）　　　　　　（Empowerment
　　　　　　　　　　　　　　　Based Assessment）

〈共通の重要概念〉
ステークホルダーとの対話
ライツホルダーの考慮

メント評価」することで、「人間の安全保障」の方法論の、「保護」と「エンパワーメント」の両面から総合評価することが目指されている（図1を参照）。

　言葉を変えれば、人権保障に対して、現状を悪化させないという「負の影響」を低減させ、同時に、劣悪な人権状況を改善してこれを伸長するという「正の影響」を増加させることを促すということである。「負の影響」の「ベースライン評価」では人権デューデリジェンスを参考に次の6つの評価プロセスで具体的な項目を立てている。すなわち、「人権にかかる方針と体制」、「人権リスク及びインパクトの特定と評価」、「負の影響の停止、防止、軽減」、「追跡調査」、「レポーティング」と「救済及び是正措置の実施または協力」の6つである。「正の影響」を測る「エンパワーメント評価」では、その対象を以下の5つとしている。すなわち、「権利の明確化」、「持続可能性の確保」、「企業方針と組織体制の整備」、「インパクトの明確化」および

「ステークホルダーとの対話」である。正負と表現しているものの、これら
は明瞭に切り分けられるわけではない。むしろ、物事には光と影があるよう
に、企業活動のインパクトも光の当たる方向によって見え方は違う。つまり
見方を問わず一律に評価することは困難でもある。常に、コンテキストの中
で、その両面性を同時に把握することが重要である。この正負の影響を測る
軸は、車輪の両輪のようなもので、そのバランスによって進む方向性も変
わってくるのである。あるいは、この両面は、相矛盾するばかりでなく、相
互補完の関係でもある。たとえば、人権侵害の救済は被害者の人権を回復す
るという方向性において、エンパワーメントを含まなければならない。補償
金などを与えるのみでは、依存関係を作ることにもなり、エンパワーメント
とは逆方向になる可能性もある。あぶく銭は借金の返済で消え、かえって高
利貸しの餌食にもなることすら途上国では枚挙に暇はない。反面、職業訓練
や教育と結びつけることで、それ以上の苦難を避けて自立できるよう、自己
実現のための教育などの機会を得ることでエンパワーメントに繋げる可能性
もある。このような活動は、裁判活動などでの法的救済を主たる目的として
きた弁護士などの法律家には、およそ未開の分野にもなるのかもしれない。
そこで、開発援助機関、教育機関や NGO などとの連携によって、総合的に
人権の伸長を図ることが肝要なのである。

　各プロセスや対象で評価すべき項目の詳細については、同研究プロジェク
トの 2021 年 10 月版の報告書を参照いただきたい[8]。これらは、未完成の提
案であり、実際に実社会で実験し、企業、市民社会、政府に呼びかけてその
フィードバックをもらい、試行錯誤しながらその精度をあげていく予定であ
る。また、ベストプラクティスや、失敗の経験からの教訓の抽出と共有によ
るアップデートの過程で、相互理解を促す 1 つの運動でもある。さらに、
CHSI プロジェクトは、指導原則の単なるチェックリスト化・固定化でのい
わゆる「ウォッシュ」を避けるという、規範の形骸化を克服するためのオー
プンエンドで参加型の実践的研究手法の試みでもある。

（2）　なぜ「人間の安全保障」を掛け合わせるのか

　では、指導原則になぜ「人間の安全保障」を掛け合わせることを提唱するのか。その着想は、国連によるソフト・ローの発展の歴史を遡る必要がある。そもそも、2010年の国連グローバル・コンパクトから本格化した国連のこのようなソフト・ローによるアプローチは、その伏線として、1994年の国連開発計画（UNDP）の人間開発報告書での「人間の安全保障」の提言があることを忘れてはならない。冷戦終結で世界の軍事費削減が見込まれる中、内戦の多発化、国際化への懸念が現実化し、主権国家体制による「国家の安全」保障では守られない「人々の安全」を国際社会が保障するために、開発援助を応用することを、国連の開発専門機関が訴えたのである。この理念を真っ先に外交の柱として支持したのが日本である。

　当時、内戦による人道危機に対して何もできない国連に対し、「保護する責任」という概念を主導したカナダに対して、日本は、平和憲法の制約で軍事的な介入に巻き込まれることを懸念して、むしろ紛争の根本原因でもある貧困や格差という社会的不正義をただすための開発援助の応用という文脈で「人間の安全保障」の概念化を図った。2001年に緒方貞子とセン（Amartya Sen）を共同議長とする「人間の安全保障」委員会を国連の主導の下に作り、その報告書である2003年の『安全保障の今日的課題』（Commission on Human Security, *Human Security Now*）によって、「欠乏からの自由」と「恐怖からの自由」という標語を使って説明した。これは、日本国憲法9条の戦争放棄の導入である前文第2段で謳われている「われらは、全世界の国民がひとしく恐怖と欠乏から免れ、平和のうちに生存する権利を有することを確認する」を踏まえたフレーズであり、フレーミングである。同時に、この報告書には、「尊厳（Dignity）を持って生きる」というフレーズも使われていて、「人権」という用語も多用されている。つまり、人間の安全保障概念は、それまで国連が専門機関を別々にして取り組んできた、「開発」、「平和」と「人権」という国連設立当初からの3つの理念を、冷戦後の時代に合わせて、不可分のものとして統合し、相互に補完し合うものとして活動する

展望を具体的に提示したのである。

　人間の安全保障の推進役である日本の2003年の政府開発援助（ODA）大綱では、「人間の安全保障」をODAの指針として掲げ、開発援助を通じて実現することを宣言し、その重要課題として「平和構築」が掲げられた。同時に、その方法論として、上記報告書で打ち出された「保護」と「エンパワーメント」という概念を用いて、人道支援から開発支援へのシームレスな方向性を示した。それまでUNDPや国連難民高等弁務官事務所（UNHCR）など専門機関ごとの本部ベースの任務で分けられていた国連の活動を、2005年のクラスター・アプローチなどのように、現場のニーズに応じた連携、分担、協働による包括的で効果的なオペレーションにする道を開いたといえる。

（3）　国連に期待される新たな役割

　国連はいうまでもなく主権国家の集合体であり、他国の主権を無視するわけにはいかない。しかし相手国政府を通じてしか行えない協力では、難民などのような当該国家から迫害されている人々へ直接支援の手を伸ばすことはできない。日本政府は、「人間の安全保障」の具体化と普遍化を主導し、実践するために、1999年に国連への信託基金を用いて国連内に「人間の安全保障」基金を設けて、これまで主権国家体制の下で届かなかった、非国家主体への直接的な資金提供を可能として、草の根の活動も支援してきた。この流れの中で、これまで国連が直接対話できなかった民間企業に、国連が取り組む、人権、労働基本権、環境、そして後に追加された、汚職防止にかかる10原則[9]を守ってもらうことを誓約させる国連グローバル・コンパクト（GC）という新たな手法を2000年に編み出したわけである。このGCを基礎に、2006年のPRI（Principles of Responsible Investment）や2010年のISO26000のような民間企業独自の取り組みも始まり、2011年の指導原則に至るのである。この流れの起点となった「人間の安全保障」も、2012年10月の国連総会決議（A/RES/66/290）と2013年の事務総長報告書（A/68/685）を経てその概念は普遍化、精緻化してくることになる。同報告書のパ

ラグラフ 36 では、以下の通り、Civil Society Networks だけでなく、Private Sector も含むアクターが統合されることを加盟国が承認している。

> *36. Many Member States recognize that human security, based on its focus on people and the range of insecurities they face, not only strengthens intergovernmental cooperation, but also integrates the full range of actors, including the relevant technical entities, civil society networks, regional organizations and the private sector, needed to address multidimensional challenges. ....*

このようにして、国連は、もはや加盟国の代表によって決められた使命や職務を忠実に実施する下部組織ではなく、むしろ、加盟各国の市民社会や国境を超えたビジネスの担い手との対話を取り持ち、調整し、新たな普遍的な規範作りのファシリテーターとなったともいえよう。

では、そもそも人権保障という国連の大原則の1つを扱うこの指導原則の根本的な課題である、世界の脆弱な人々の人権を保障し、これを伸長するという理念が実際に機能するために、今後どのように取り組むべきであろうか。逆説的に人権デューデリジェンスを用いて大企業が利益確保のためにサプライチェーンの弱いところに責任を押し付けることで、逆効果にならないかという懸念や、人権侵害に対する有効な救済のための実践上の課題などについてどう乗り越えるべきか。

3 難民に関するグローバル・コンパクトにみる国連の新たな役割──ネットワーク・ガバナンスのファシリテーター

(1) 国連の「難民に関するグローバル・コンパクト」

このソフト・ロー発展の流れの中で見えてきた国連の新たな役割の具体的

中身は何だろうか。これは、2030 年までに全ての国が達成すべき 2015 年の
国連の持続可能な開発目標（SDGs）として示された。この抽象的な目標の
理念は、「誰一人取り残さない」とされるものの、目標には具体的にそれが
「誰か」は掲げられていない。主権国家体制を前提とする国際社会において
「取り残される」可能性の高い人々は、この体制からはみ出し、排除された
「難民」である。2018 年 12 月 17 日の国連の「難民に関するグローバル・コ
ンパクト」（GCR、A/73/12（Part II））は、SDGs を補完し、単に「難民」
に関する国連の役割をアップデートしただけではなく、今後の国連が進むべ
き方向性を具体的に指し示している。

　主権国家体制の中で、その国籍国に迫害される人々の安全をどう保護する
かは、ナンセン・パスポートの発行から始まり、第二次大戦後に設立された
UNHCR 本来の任務となった。1951 年の難民の地位に関する条約と 1967 年
の同議定書として国際法上、難民とその国際保護も定義され、発展してきて
はいる。しかし、条約・議定書に基づく難民の国際保護は冷戦期における
イデオロギー対立という国際政治を背景に作られたこともあり、冷戦後のグ
ローバリゼーションで生み出された現代の「難民」にはもはや時代遅れであ
ることは明らかである。GCR は、シリアの内戦から逃れてきた大量の難民、
避難民の対応を背景に開催された 2016 年の国連「難民と移民に関する国連
サミット」で成果文書として決議された「難民と移民に関するニューヨーク
宣言」（通称、ニューヨーク宣言、A/RES/71/1）に基づき、2018 年 12 月
19 日の「安全で秩序ある正規移住のためのグローバル・コンパクト」（移民
に関するグローバル・コンパクト：GCM）とほぼ同時に承認された
（A/73/L.66）。これは、難民保護のパラダイムを、移民とは区別しながら
も、これと包括的に取り組むべき共通の課題として、ソフト・ローの領域へ
とシフトさせたといえよう [10]。

　国家の安全により脅かされる人間の安全について、国際社会がこれを保障
しようとする「人間の安全保障」の理念が、冷戦後間もない 1994 年に
UNDP によって提唱された。しかし、それを達成する手段において、国連

や国際法自体が、各国の主権を絶対的なものとしている限りそもそも限界がある。GCR は、単に、難民保護の負担を国家間で公平を図ろうとしただけでなく、それを超えて、むしろ非国家主体をターゲットにして、その「保護」と「エンパワーメント」という「人間の安全保障」の手段を具体的に担わせようとしたものである。つまり、国際法上のノン・ルフルマンという強制送還禁止で達成されるとされた難民の国際保護を、単なる入国管理上の制限だけではなく、難民の生活支援やその自己実現という生身の人間としての包括的保護とエンパワーメントに国際社会として踏み込んだともいえる。恒久的解決とされた、自発的帰還、現地社会への統合、第三国定住といった3つの伝統的な解決手法のいずれにおいても、企業などのビジネスによる市場の開拓と、その市場による包摂性が、難民問題の最終解決ばかりでなく、難民発生の予防ともなりうるからである。

（2）　全社会アプローチと Global Academic Network

無論、これまでも UNDP などの開発援助機関との連携は進められてきており、世界銀行などの開発金融機関との協働も進みつつある中、「グローバル・コンパクト」と銘打ったこと自体、民間セクターと市民社会の主体的な取り組みを引き出そうという戦略であろう。従来の国際法では当事者とされていなかった国以外のマルチ・ステークホルダーをも含めて、それらとのパートナーシップによって、主権国家体制では不十分な難民の保護と支援に関する負担と責任の共有を促進することにある。GCR が全社会アプローチ[11] と称して導入した、民間企業や NGO などの非国家主体、とりわけ学界その他の研究者、さらには難民自身への主体的な当事者意識を喚起する方法論とその背後の理念が注目される。

GCR のパラグラフ A.3 は次の通り述べている。

....the global compact on refugees intends to provide a basis for predictable and equitable burden- and responsibility-sharing among

all United Nations Member States, together with other relevant stakeholders as appropriate, including but not limited to: international organizations within and outside the United Nations system, including those forming part of the International Red Cross and Red Crescent Movement; other humanitarian and development actors; international and regional financial institutions; regional organizations; local authorities; civil society, including faith-based organizations; academics and other experts; the private sector; media; host community members and refugees themselves...

つまり、「人道と国際連帯の原則」に基づいて、「難民のより良い保護と支援と、その受け入れ国とコミュニティを支えるための負担と責任の分担を実行する」（パラグラフ B.5）ことを求めたのである。

　とりわけ、Global Academic Network[12] という大学や研究機関という、これまでは前面に出てこなかったアクターへの、象牙の塔を超えた、実社会の課題解決のための研究と教育を促し、エンパワーメントの側面を強調した。

43. A global academic network on refugee, other forced displacement, and statelessness issues will be established, involving universities, academic alliances, and research institutions, together with UNHCR and other relevant stakeholders, to facilitate research, training and scholarship opportunities which result in specific deliverables in support of the objectives of the global compact. Efforts will be made to ensure regional diversity and expertise from a broad range of relevant subject areas.

　GCR は、ほぼ同時期の GCM と連動して、国連の存在を、国家単位の加盟国の組織から主権国家体制を超える新たなグローバル・ガバナンスの担い

手に変容させようとしているように思われる。なぜなら、難民を含む国家を超えて移動する人々こそが、グローバル社会を構築するパイオニアだからである。これまでも、国際労働機関（ILO）の移民労働者の権利にかかる数々の法的文書はあるものの、日本をはじめ多くの国、とりわけ、移民労働者を低賃金で雇うことで経済的利便を得ていた先進国にとっては、国益上馴染まないとされて彼らの権利は黙殺されてきたといえよう。

　しかしながら、グローバルな経済では、自由な労働市場も国境を越え、先進国の少子高齢化は移民労働者の争奪戦ともなろう。一国のルールでは公平公正な市場は発展できず、非正規労働者による地下経済による構造的な搾取と人権侵害により市場が歪められかねない。とりわけ、各個人が、難民条約上の難民であるかないかで国際保護を与えるか否かを決する伝統的な手法では、もはや追いつかないほど大量の避難民が国境を越えてくる。また、その移動の動機は、1951 年に難民条約が想定したものをはるかに超えている。しかし、彼らを強制送還することは、難民条約の理念である人道上問題があるとの認識は多くの加盟国で共有され、その定義を拡大解釈したり、あるいは、補完的保護といわれる他の人権諸条約などを駆使するなどしたりして、国際保護をアップデートしてきた。このようにして難民であるかないかを明確に区別できない、いわゆる「混合移民／難民」あるいは「強制移民」とも呼ばれる移動を余儀なくされた人々が多数出現し、UNHCR が保護の対象とする人々の数は、2020 年時点で 8,000 万人を突破し、毎年記録を更新しているのである[13]。

　湾岸戦争後のイラクでのクルド人道危機を機に、難民同様の状況に置かれながら、国境を越えられない人々を UNHCR は IDP として保護の対象としてきた[14]。しかしながら、国境を越えれば、入国した国の国益との間で差別的に扱われ、そもそも人権保障の制度的保障へのアクセスも困難となるのが一般的である。その典型が、越境的組織犯罪としての人身取引の構造に支えられた地下経済である。欧州での人道的な受け入れは、シリア難民の大量発生を誘発し、彼らが密入国業者の餌食になる現実を世界は目の当たりにし

た。グローバルな人の移動におけるこのような国際保護のギャップを埋めなければ、そもそも持続可能なグローバル社会は到来しない。

　SDGsは、全ての国々の目標とされながら、国の管轄を越えたこのような外国人や無国籍者への対応が困難であるとすれば、環境問題や、昨今のパンデミックのような一国でも解決できない地球規模の課題には十分に対応できない。その意味で、GCRとGCMはペアとして主権国家体制を超える、ネットワーク・ガバナンスを志向するものと考える。

（3）　ネットワーク・ガバナンスのファシリテーターとしての国連

　ネットワーク・ガバナンスとは、民官産学などのマルチ・ステークホルダーがそれぞれ相互補完、相互監視するネットワークによってガバナンスを担う、自律分散系のシステムである。SDGsでも、民間企業が新たな投資機会としてこの目標の達成に企業活動を活発化させているように、地球規模の課題の解決には市場経済を通じた自律的な取り組みが不可欠であり、国連はそのためのプロモーション活動を活発化しているのである。GCRとGCMは、増加する難民や移民の出現による国家の国益本意のガバナンスでは乗り越えられない壁を乗り越えるために、非国家主体を直接その保護とエンパワーメントのために関わらせることでこの難局を乗り越えようとしているように思われる。

　とりわけ、大学、研究機関や、学会などの学術的組織は、科学的知見と長期的な展望から具体的な解決策を提示し、それを担う人材を育てるという意味で、持続可能性を担保する重要な任務を担う、実践的なパートナーでもあると再定義すべき時であろう。GCRに規定されたGlobal Academic Networkは、学術に留まるネットワークであってはあまり意味がない。むしろ、主権国家体制でのガバナンスのギャップを埋める企業や市民社会が、国家とともにグローバル・ガバナンスに直接参画し、モニターし、教訓から新たな政策提言とその実施に結びつけるプラットフォームとして、大学や研究機関がより前面に立って建設的な貢献に挑んでいくことが求められている

といえよう。GCR において、UNHCR は、単に難民条約の執行機関というだけでなく、むしろ難民に象徴される主権国家体制のギャップを埋めるための非国家主体によるその保護とエンパワーメントへの参加を促すファシリテーターとして位置付けられる。同様に、国連自身の役割も、最も普遍的な組織として、今後もグローバル・ガバナンスのファシリテーターとして、非国家主体も含むアクターのネットワーク・ガバナンスを推進していくことが期待される。

4 ミャンマーの「人間の安全保障」に対する日本の「人権外交」とは

このようなネットワーク・ガバナンスによる国連の新たな取り組みを占ううえで、2021 年 2 月に発生したミャンマーの国軍によるクーデターを発端とする一連の人道危機に対する国連と日本の対応が資金石となる。国軍による市民の無差別殺害に象徴される暴力による人権侵害と、これに抵抗する市民の不服従運動（CDM）によるストライキと、野放しの新型コロナウイルス感染症拡大が招いた経済活動の破綻、教育現場の閉鎖など、メディアやSNS を通じて伝えられるミャンマーにおける人間の安全保障に国連はどのように対処し、そのために日本が何をなすべきか。とりわけ、民主化支援を旗印にした政府の後押しもあって進めてきた日本の直接投資が国軍の利権となっているという批判のある中、岸田文雄政権の目玉でもある人権外交の真価も問われているといえよう。

（1）　国連のミャンマー危機対応
国連は、これまでも、ロヒンギャへのジェノサイドともいわれる虐殺の調査結果などから、ミャンマー国軍に対しての非難を繰り返してきたものの、ほとんど有効な対応ができていない。2021 年 12 月の国連総会における、国連大使の信任にかかる手続において、クーデター以前の民主政権で任命され

た国連大使と、国軍が新たに任命した者のいずれをミャンマー代表と認める
かについて関心が集まった。しかし、結局は、中国やロシアなどの常任理事
国の意向もあり、その判断を国連総会の信任状委員会は保留したままであ
る。また、安全保障理事会による武器禁輸措置なども、中国とロシアの反対
などで未だに実現していない。欧米を中心に、国軍の責任者らへの独自の標
的制裁措置も発動しているとは言われるものの、これも有効な手段とはなっ
ていないようである。

　他方、国軍の辛辣な弾圧を掻い潜って、2020年の選挙で選出された人々
が結成したとされる国民統一政府（NUG）は、ロヒンギャを含むあらゆる
少数民族の代表からなる連邦国家の構想を主張している。実効支配なきオン
ライン上のバーチャル政府とも言われるが、市民社会はおおむねNUGを正
統政府として認めるべきだと主張している。しかし、そもそも「実効支配」
がなければ国際法上の国家承認の要件を満たさないことからも、国連を含め
た各国も対応に苦慮している。このため、支配を既成事実化しないため、市
民も、非暴力でのCDMを展開してきた。しかし、市民への虐殺などの国軍
の暴力は止まるところを知らず、CDMを支持していた若者も急進化、先鋭
化して、少数民族地域に逃げて軍事訓練を受ける者も増えた。NUGも人民
防衛隊（PDF）という武装組織によって国軍と対峙するという事態となっ
ている。民主化の過程で締結されてきた少数民族との停戦合意なども、この
混乱でもはや維持されず、少数民族武装勢力との紛争も再燃、民主派の若者
らもこれらと合流することで、武力紛争とそこから発生する新たな難民、
IDPも日増しに増加、人道危機はエスカレートの一途である。

　にもかかわらず、国際社会を代表し、平和の守護者としての国連は、実質
上何もできていない。東南アジア諸国連合（ASEAN）による調停なども期
待されたものの、全員一致ルールで足並みも乱れ、ミャンマー国軍に提示し
たいわゆる5項目の合意事項すらも履行されず、無視され、ASEAN会合か
らも国軍は排除され、孤立を深めている。

（2）　日本の対応

　日本は、国軍との特別な対話のパイプがあるとして「静かな外交」をしていると言い続けながら、国軍関係者への標的制裁などを発動している欧米とは一線を画した立場を堅持している。しかし、実際には、国軍の頑な態度を軟化させることはできず、手をこまねいているように見える。これには、日本企業がミャンマーを「最後のフロンティア」とみなし、日本政府の旗頭の下で、経済特別区（SEZ）などを作って投資してきた活動が、国軍の資金となっているとの批判にもあるように、日本の経済的利権が国軍の利権との癒着によって引くに引けず、一方で企業活動も継続できない現状もあり、様子見をせざるを得ないという現実も関係しているものと推察される。

　反面、岸田首相は、国際人権担当補佐官として中谷元防衛大臣を起用し、米英などで導入している、人権侵害の責任者などを標的にした制裁を発動できるようにする立法を目指しているとされる。元防衛大臣を起用していることからも、いわゆる経済安全保障のために、対中国制裁を目的にした立法の試みではないかと推察される。確かに、新疆ウイグル自治区での強制労働やジェノサイドという大規模人権侵害や、香港の民主主義を排除して言論の自由を弾圧する中国の強権手法は、近時の台湾への軍事的圧力や南シナ海での軍事的な活動、その延長としての尖閣諸島での日本の領海侵犯などを牽制する意図であることは明らかである。しかし、だからと言って、人権侵害を名目に制裁を正当化するというのであれば、ミャンマーの国軍との関係を続け、その資金源となっているとされる日本企業に対して世界が向ける「ビジネスと人権」の観点からの目は、二重基準を許すものではないであろう。

（3）　タイでの「ビジネスと人権」に関する現地調査

　筆者は、2021年12月の後半から2022年1月初旬にかけて、タイに「ビジネスと人権」にかかる現地調査に赴いた。バンコクではJETROと、ASEANの国家間人権委員会のタイの代表のポンサピッチ（Amara Pongsapich）博士と面談をし、それぞれCHSIプロジェクトの2021年10月

版の報告書の英文要約を示して、「ビジネスと人権」をアジアでも実効化していくうえで、欧米追随型にならず、アジア諸国での現実に適応させる必要と、そのための評価指標として、「人間の安全保障」を掛け合わせることを議論しておおむね合意を得た[15]。

　その後、ミャンマーとの国境の街、メソットに入り、2週間程度、現地に逃げてきているミャンマーの難民らやその支援団体に聞き取り調査した。そこで、国境の川を挟んだ向こう岸のミャンマーで川沿いに立ち並ぶ中国が作ったというカジノ群を見る。タイ側には、そのための駐車場が川沿いに連なり、新型コロナウイルス感染症拡大前にはたいそう繁盛していたのであろう。今は閑散としているが、管理人から、写真撮影も拒否された。筆者が訪問する直前に、メソットに近い国境を超えたカイン州でも、停戦合意をしていたはずのカレン民族同盟（KNU）などとの戦闘が激化し、国軍による空爆があり、1日数千人から万単位の新たな避難民が国境の川を越え、タイ軍に押し返されては、また国境を越え、行き場のないIDPが立ち往生をしていた。日本のODA（無償資金）と日本財団の支援で建設した、レイケイコーの難民帰還者のための一次施設も国軍によって破壊されたが、なぜか近くのチャイナタウンという中国が作ったカジノなどの施設は無傷であったという。さらに、近くには、中国の経済特区もあるが、そこで何が行われているかは現地の人々もわからないのだという。

　チェンマイ大学を訪問し、ミャンマーの民主派のリーダーらを研究員や学生として受け入れて事実上の庇護をしている国際研究プロジェクト代表の教授らと面談した。日本の大学との学術交流協定などを基にアジアでの大学連携による支援を促進することを合意した[16]。バンコクでは、潜伏しているミャンマーの若者らとも面談した。ミャンマーでは、大学などの高等教育はもちろん、小中高のレベルの学校も、軍のクーデターと新型コロナウイルスの感染拡大で学校が閉鎖され、教育機会が失われているという。そのため、2021年4月にオンラインで授業をするSpring Universityというバーチャル大学も始まっており、まずはオンライン授業などでの協力を要請された[17]。

（4）　日本の人権外交——アジア「人間の安全保障」官民共同基金設立の提案

　今、日本に期待されているのは、ASEAN の外にありながら、アジアの一員として経済的なレバレッジを効かせつつ、ミャンマーの将来を救うための、教育を軸にした支援のマルチ・ステークホルダー・ネットワークを促進することではないだろうか。GCR の Global Academic Network の一環として、アジアでのネットワークを形成するために、ASEAN 諸国と連携しながら、人間の安全保障のためのエンパワーメント支援をすることはできるはずである。当面、CDM に参加した若者が、PDF などへの参加を通して国軍と武力衝突し、かけがえのない命を無駄にすることがないように、日本を含むアジア諸国の大学などが研究生や特任ポストを活用して一時庇護する。これは将来のミャンマー再建のリーダーとして活躍すべき人々を励まし、養成することにもなる。国軍関係者から派遣されている学生や研究員らとの非公式の対話の場を留学先で提供し、彼らにも将来の展望を示すことで、和解の糸口を見出し、これ以上の暴力による抑圧を思いとどまらせることができるかもしれない。さらに、日本の大学ではグローバル教育に不可欠な多様な人材を得ることにもなり、より現実的な支援のあり方への考察を深められよう。

　軍事的な衝突や紛争がエスカレートすることになれば、悪循環による内戦の国際化すら懸念される。国連の平和創造のイニシアティブを支えるために、日本がカンボジア和平で見せたリーダーシップを再度とれないか。タイやインドネシアなどの軍政の民主化に成功しているアジアの国々の知恵を共有し、民間企業や NGO などとも連携するプラットフォームを国連が設置し、ASEAN をバックアップするような対応を演出することが望まれる。

　とりわけ、ティンセイン政権による民主化の前にも、日本は、人道的な支援は継続し、欧米のような全面的な経済制裁は避けてきた。軍事政権が民主化に舵を切ったことで、日本はいち早く、官民挙げて、ミャンマーへの経済支援と投資を再開した。ティラワ SEZ の開発会社の当時の CEO であった、住友商事の話では、民主化支援や人権擁護という国際社会のスタンダードを

そのSEZで適用して、ミャンマー全体の経済成長を通じて、これらの価値実現に寄与することが目的であるとも聞いた。そのオフィスには、SDGsの図が高々と掲げられていた。これが、ミャンマーに進出した日本企業の多くに共有されていた戦略であったとすれば、2021年2月の軍事クーデターは、民主化プロセスの1つの通過点として、長期的視点から今後の活動を人造りの方にシフトするチャンスではないであろうか。「ビジネスと人権」という観点で、単に人権侵害に加担しないという消極的なアプローチとして完全撤退をするのではなく、できうる限り、現地の市民の視線に立ってその共感の得られる方策を模索する。少なくとも軍への経済利権とならないようにそのサプライチェーンなどを見直し、是正するとして、それのみでなく、エンパワーメントの観点から、明日のミャンマーのための人造りに投資するということである。

　ここで提案されるのは、2011年の東日本大震災などで設立された、官民共同の被災者支援の枠組みであるジャパン・プラットホームを応用した、アジアワイドの官民共同基金の設立である。日本とタイの政府がバックアップしながら、ASEANと国連の支持の下、非国家主体である企業や財団などが資金を出し合い、UNDPやアジア開発銀行（ADB）などの開発銀行による信託基金などと一緒に、アジア「人間の安全保障」官民共同基金（仮称）を設立してみてはどうか。1999年に日本が国連に設置した「人間の安全保障」基金も参考となろう。これによって人道支援や教育支援をするために、主権国家体制の限界を乗り越えるネットワーク・ガバナンスを駆使した積極的な人権の伸長のための努力を支援する。Global Academic Networkのアジア版をタイと日本が呼びかけて結成して、ASEAN+の枠組みで、希望を失い、捨て鉢になりそうなミャンマーの若者らに新たな希望をもたらす。ひいては、軍の中でもこれに同調する者を増やし、デッドロックになっている状態を解消することはできないであろうか。将来のリーダーを通じた連邦制を目指す憲法の起草支援も、日本のアジア法整備支援の一環として水面下で進めることもできるのではないであろうか。

おわりに

　本稿では、指導原則が、国連に象徴される主権国家体制によるグローバル・ガバナンスのパラダイムシフトを起こす可能性を指摘した。冷戦後の1994年に UNDP で提起された「人間の安全保障」に立ち返って、「ビジネスと人権」というテーマに至った国連を舞台としたソフト・ローの生成、発展過程を垣間見た。2015年の SDGs で具体化された目標の理念は、「誰一人取り残さない」ということであり、ビジネスに求められた責任は、人権侵害に加担しないというだけではなく、そもそも劣悪な人権状況におかれている人々の人権伸長に貢献することでもある。人権状況の悪いところをリスクが高いからと避け、劣悪な人権状況を見て見ぬふりをして、脆弱な人々を市場から排除し続けるのは、そもそも本末転倒であろう。指導原則がハード・ロー化するのは、ソフト・ローを補完するという意味で評価され、推進されて良いことではある。しかし、それが企業防衛のための指導原則のチェックリスト化や、下請けや弱者への皺寄せになってしまったりするという副作用があることも留意しつつ、人権伸長のためのエンパワーメントを誘導、奨励するための評価軸も車の両輪として作る必要がある。

　そこで作成された CHSI の指標を実際に使ってもらい、各ステークホルダーからのフィードバックを得て、改善しながらより良いものに創っていくための社会実験を実施し、参与観察を深める。そのために、アジアでの指導原則の適応には、アジアワイドのサプライチェーンをもって活動している企業の協力が欠かせない。

　ミャンマーでの現地調査で垣間見たことは、長期にわたり紛争を経験した国や地域に共通の紛争経済が、国軍のクーデターの根底にもあるということであった。これを支えるのはもちろん、近隣諸国を含めた利権構造と国際政治の駆け引きである。このような状況は、国連が長年取り組んできた平和の課題であることは間違いない。UNTAC が可能であった90年代初頭は冷戦

が終焉したことで中国、ロシアとの分断も一時的にせよ緩和されている時期でもあった。米中と米ロの対立が先鋭化している現代の国際政治の現実では、国連が機能麻痺に陥っているのは否めない。だからと言って、何もできないわけではないであろう。非国家主体である、市民社会や企業がグローバルなネットワークを駆使して、ソフト・ローの枠組みで活動を展開し、市場の力を使って、暴力を抑止し、紛争経済／地下経済を縮小していくために行動すべき時である。CHSI の成果と Global Academic Network を駆使して、教育支援を軸に、将来の政治経済社会のリーダーを育成することに貢献できるはずである。このような複合的で総合的、相互補完的なネットワーク・ガバナンスによって、国連を舞台とした新たなグローバル・ガバナンスを、日本が主導していくことができるのではないであろうか。

注

1　人権デューデリジェンスは、(1) 自社の事業が人権に与えるインパクトのアセスメント、(2) 企業内部でのアセスメントの結果を生かす仕組み作り、(3) 取り組みを追跡評価し、目的への達成度を経営トップに報告、および (4) 外部への取り組みの公表、報告を中身とするプロセスであるが、OECD, *OECD Due Diligence Guidance for Responsible Business Conduct*, 2018, p. 21 は PDCA サイクルとして図示しながら、その最初に人権指針の策定と、最後に是正措置をそれぞれ追加補足している。なお、経済協力開発機構（OECD）は、指導原則の成立と前後して、「OECD 多国籍企業ガイドライン」を改定し、人権の章を追加している。

2　Yasunobu Sato, "Rule of Law for Whom? Human Security Perspectives on the Emerging Asian Market for SDGs: Focused on Cambodian Case Study," *Journal of Malaysian and Comparative Law*, 45-1 (2018), pp.27-45. Yasunobu Sato, "Human Security Approach to Human Rights Due Diligence: Why business needs human security index," *Journal of Human Security Studies*, 4-2 (Autumn 2015), pp. 87-108.

3　ソフト・ローの確立した定義はないが、国際法上は、第二次大戦後の国連総会決議を中心とする国際機関の決議や宣言文書を対象とした用語であった。国

連総会で多数を占める第三世界諸国により伝統的国際秩序に挑戦する主張として打ち出されたものであるが、他方、1948 年の世界人権宣言のような人権分野や、環境問題など国際社会の動向を左右する理念の宣言として、「法的拘束力」を持たない重要な公式文書として打ち出されている。齋藤民徒「ソフトロー論の系譜──国際法学の立場から」（COE ソフトロー・ディスカッション・ペーパー・シリーズ、2005 年 7 月、http://www.j.u-tokyo.ac.jp/coelaw/COESOFTLAW-2005-7.pdf, 2022 年 1 月 25 日）。本稿では、齋藤のいう 3 つの系譜のうち、第 3 の「20 世紀末から急速な発展を遂げている国際規制の手段としての基準やガイドライン等」をさすものとして使う。齋藤民徒「ソフト・ローの系譜」『法律時報』77 巻 7 号（2005 年、http://www.j.u-tokyo.ac.jp/coelaw/download/The%20Historical%20Contexts%20of%20Soft%20Law%20Discourse.pdf, 2022 年 1 月 25 日）。なお、その理論および国際社会との関係については、中山信弘編集代表（藤田友敬編）『ソフトローの基礎理論（ソフトロー研究叢書第 1 巻）』有斐閣、2008 年、および、中山信弘編集代表（小寺彰、道垣内正人編）『国際社会とソフトロー（ソフトロー研究叢書 第 5 巻）』有斐閣、2008 年を参照。

4　2015 年の英国の現代奴隷法（UK Modern Slavery Act）が、英国において一定規模の売り上げを挙げている企業全てにサプライチェーン上で強制労働や人身取引が行われているかを毎年報告する義務を課した。2017 年にフランスの企業注意義務法が人権デューデリジェンスの実施と開示を義務づけ、2018 年に豪州現代奴隷法、2019 年にオランダの児童労働デューデリジェンス法が同様の義務を課す。ドイツも 2021 年 6 月にサプライチェーン法を作り、23 年には施行予定といわれる。EU も 2021 年 12 月に人権デューデリジェンス指令を発出している。米国は、指導原則に先駆けて 2010 年にカリフォルニア州がサプライチェーン透明化法を制定し、12 年から施行している。このように欧米は競って国内立法により指導原則をハード・ローとして、グローバル市場でのルール・メーキングを主導している。

5　2021 年 10 月 25 日から 29 日に予定されていたものが延期されたようである。UN Document, A/HRC/49/65/Add.1, January 2022（https://www.ohchr.org/EN/HRBodies/HRC/WGTransCorp/Session7/Pages/Session7.aspx, 2022 年 2 月 11 日）。

6　たとえば、ビジネス・ローヤーズ『第 2 回「ビジネスと人権」の概要と国際的潮流』2020 年 12 月 21 日（https://www.businesslawyers.jp/articles/872, 2022

年2月11日）。

7　東京大学持続的平和研究センター、ビジネスと人権ロイヤーズネットワーク
『アジアからの「ビジネスと人権」の主体的な取り組みを促す企業における「人
間の安全保障」インデックス（CHSI）プロジェクト報告書』2021年10月、4頁
（https://rcsp.c.u-tokyo.ac.jp/blog/detail/518, 2022年1月24日）。

8　同上。

9　ただし、GCに国連の存在意義である平和の原則は含まれていない。筆者は、
これに対し、平和の原則を追加することを提言し、GC設立10周年の記念事業
である、UNGC and PRI, *Guidance on Responsible Business in Conflict-Affected
and High-Risk Areas: A Resource for Companies and Investors*, A Joint UN
Global Compact and PRI publication, 2010（https://d306pr3pise04h.cloudfront.
net/docs/issues_doc%2FPeace_and_Business%2FGuidance_RB.pdf, 2022年1月
24日）の作成に国際諮問委員として参加した。

10　佐藤安信「『難民に関するグローバル・コンパクト』のためのネットワーク・
ガバナンス──難民の国際保護に関するアジア・ネットワークの可能性」岩沢雄
司、岡野正敬編集代表『国際関係と法の支配──小和田恒国際司法裁判所裁判所
裁判官退官記念』信山社、2021年、101-125頁。

11　佐藤、前掲論文、104頁。

12　Jeff Crisp, "Global Academic Network on Refugees: Some Unanswered
Questions," *International Journal of Refugee Law*, 30-4（2018）, pp. 640-642は、
難民にかかる研究が先進国に限られているため、今後どのように展開するかに
は懐疑的である。なお、同氏は、2018年11月の東京大学駒場キャンパスで開催
された「人間の安全保障」学会と国際開発学会共催の「難民／移民と教育／雇
用」の年次大会で基調講演をしている。*Journal of Human Security Studies*の
2021年特集号参照（https://www.jahss-web.org/single-post/journal-of-human-
security-studies-vol-10-no-2-special-issue-2021, 2022年1月24日）。

13　UNHCR, *UNHCR Global Trends: Forced Displacement in 2020*（https://
www.unhcr.org/flagship-reports/globaltrends/, 2022年2月11日）。

14　湾岸戦争後のイラクのフセイン（Saddam Hussein）大統領による毒ガス攻撃
から逃れようとしたクルド市民の多くがイラン国境に逃れるも国境は封鎖され、
国内で避難せざるを得なくなった。緒方貞子国連難民高等弁務官の要請で、安保
理から例外としてIDP保護の任務が付与された。その後もそれはUNHCRの任

務として定着し、その数は難民をはるかに上回っている。

15　アマラ博士は、2021 年 12 月 8 日、日本の経済産業省後援で JETRO 主催の「サプライチェーンと人権──世界の潮流と ASEAN での日本企業の役割と取り組み」と題するウェビナーで挨拶をしている。（https://www.jetro.go.jp/biz/seminar/2021/dd1e067bfe2b5b1b.html, 2022 年 2 月 11 日）。

16　Regional Center for Social Science and Sustainable Development（RCSD）代表の Chayan Vaddhanaphuti 博士で、名古屋大学でも研究し、関西大学と学術交流協定もある。チュラロンコン大学の関係拠点も紹介され、いずれも協力を希望している。

17　2021 年 7 月 10 日に東京大学大学院総合文化研究科で開催されたオンラインの人間の安全保障プログラム（HSP）春季シンポジウム「ミャンマーにおける人間の安全保障──COVID-19 の影響と日本の役割」においても、参加したミャンマー人の留学生からも同様の報告と要請があった。（https://rcsp.c.u-tokyo.ac.jp/blog/detail/437, 2022 年 2 月 11 日）。

3　先住民族の参加と国際連合：
先住民族権利宣言の起草と実施における影響

富　田　麻　理

はじめに

　2022年1月から「先住民族言語の国際の10年」が開始している[1]。遡ること40年前一部の西側諸国は1992年を新大陸発見から500年を記念した国際年に制定しようとした。先住民族は西欧諸国に反対しつつも配慮し、国際連合（以下、国連）は翌年を国際先住民（族）年とした[2]。その後1994年からは「第一次国際先住民族の10年」、2004年からは「第二次国際先住民族の10年」、2007年には先住民族の権利宣言（United Nations Declaration on the Rights of Indigenous Peoples: UNDRIP）[3]の採択、2014年の先住民族の言語年、同年9月の国際連合（以下、国連）総会における世界先住民族会議の開催があり、今日国連において先住民族の権利の保護・促進は重要な分野となっている。

　先住民族は、1980年代半ばに差別防止少数者小保護委員会（以下、人権小委員会）の下部機関の先住民作業部会（Working Group on Indigenous Populations: WGIP）において、初めて参加することが認められてから、その後も今日に至るまで国連の人権関係の会議に直接参加している。彼らの参加は、UNDRIPの採択に結びついた。彼らは、自分たちの関わりのある国連内外会議の議題の審議に参加しているが、彼らの参加は、従来の国家やNGOではない第三のアクターとしてであり、このような先住民族の新たな地位は、国連において確立したといえる。先住民族の参加は、国連にとって

どのような影響を与えたのであろうか。

　先住民族は、大別して国連に対して以下の3点で変革を加えてきた[4]。第1に、国連の人権の基準設定活動に初めて国家でもNGOでもない地位を創設したことである。彼らは民族という新たな資格で、自らの権利を規定する宣言の起草に直接関わった。第2に、このような先住民族の直接的参加は、宣言の規定に影響を及ぼした。とりわけ宣言の中心的な権利である自決の権利の内容にそれが確認できる。第3に、UNDRIPの実施面にも、先住民族の直接的関与の道が開かれたことである。この傾向は、国連の人権関係会議にとどまらず、国連の様々な機関にも拡大し、それらの活動に影響を与えている。

　従来国連と先住民族の関係性については、国際法や国際関係等の観点から論じられてきた[5]。しかし、この問題を国連研究の切り口から論じたものは少ない。先住民族は、政府間国際機構である国連にどのような変革をもたらしているのだろうか。本稿では、上記について国連研究の観点から分析することを目的とする。

　本稿は以下のように論を進める。第1節では先住民族の定義について論じる。第2節では、UNDRIPの起草を担当した2つの作業部会を取り上げ、先住民族の直接的参加について考察し、第3節では、先住民族の関与が宣言にどのような影響を与えたのかについて論じる。第4節ではUNDRIPの実施機関のうち、先住民族が直接に関与している2つの機関を見ていき、第5節では、国連における人権分野以外への影響を考察し、最後に国連研究の観点から分析を加える。

　なお、本稿ではindigenous peoplesの日本語訳として「先住民族」を用いる[6]。国連において「先住民族」の用語が正式に用いられるようになったのは、UNDRIPによってである。それより前は、原住民（aboriginal）、種族（tribal）、先住民（indigenous population、indigenous people）、先住問題（indigenous issues）等が用いられてきた。「民族（peoples）」の使用が避けられてきた理由は、「民族」が「人民（peoples）の自決権」すなわち独

立の権利を連想させ、一部の国家が先住民族に独立権を与えることを恐れたためである。本稿では、特段の断りがない限り、先住民族に統一して使用することとする。

1 先住民族とは誰か

国連によれば、世界には約4億7000万人、世界銀行によれば、現在世界の90カ国に4億7000万から5億人の先住民族が居住し、その数は世界の人口の約6%に相当する。さらに先住民族のうち、世界の極度の貧困の人口の15%を占めており、それ以外も経済的に下位層に属している者が多い[7]。

先住民族としては、ネイティブ・アメリカン、イヌイット、アオボリジニなどがよく知られているが、UNDRIPには先住民族の定義はない。その理由は、世界の先住民族が置かれている多様な状況や、定義化によって特定の人々を先住民族から除外してしまうこと、先住民族自身が定義化を望んでいなかったことなどがある。先の世界銀行の人数に幅があるのもこのような理由も影響している。

しかし、先住民族の定義が全くないわけではない。第1に、いわゆる「コボ報告書」の定義がある。「コボ報告書」とは、人権小委員会が任命したコボ（Cobo）特別報告者による、先住民族に対する差別に関する研究である[8]。この報告書の定義は、「作業用定義（working definition）」として、今日でも国連の活動で使用されている。コボによると、先住民族の定義は、①先住性②歴史的連続性③被支配性そして④自己認識の4つの要素から構成される。つまり、先住民族かどうかは、①先住性、②歴史的連続性、そして③被支配性の「客観的要素」と、先住民族であるという自己および集団的な認識の「主観的要素」の2つによって決まる。中でも先住民族は、「主観的要素」に重きを置く。

第2に、1989年に国際労働機関（以下、ILO）の「原住民および種族民条約に関する第169号条約（以下、第169号条約）（日本は未批准）」の定義が

ある。この条約の第 1 条（b）では、「独立国における民族で、征服、または植民地化あるいは現在の国境の成立時において、当該国もしくは当該国が位置する地理的地域に居住していた住民の子孫であるために先住者としてみなされ、かつ、法律上の地位に関係なく、自己の社会的、経済的、文化的そして政治的な制度の一部もしくは全てを保持している者。」（筆者訳）と規定する。「コボ特別報告書」の客観的要素と主観的要素を導入し、さらに先住民族が独自の社会的、経済的、文化的、政治的制度を一部もしくは全てを保持していることも定義に追加している[9]。

先住問題に関する常設フォーラム（Permanent Forum of Indigenous Issues: PFII）も、先住民族の土地と周囲の天然資源との強い関係性、独自の社会的、経済的もしくは政治的制度、言語、文化や信条を有することを強調している[10]。換言すると、先住民族は他者が到着する（あるいは征服される）前にすでにそこに居住し、独自の社会的、文化的、政治的な制度を有し、土地との強いつながりを持ち、自分がもしくは他者が先住民族であると認識している人々である。先住民族の権利は、少数者のそれと重複する面も多くあるが、例えば、土地との強い関係性や、征服による権利侵害等少数者の権利とは異なる部分もある[11]。コボも先住民族の権利宣言もしくは条約を起草する必要性を提言した。このような背景から、宣言が起草されることとなった。

2　2 つの UNDRIP の起草機関とその特殊性

UNDRIP は、2007 年に国連総会において採択された全部で 46 条からなる宣言である。これは、世界人権宣言をはじめとする国際人権条約の権利を基本的に踏襲したもので、先住民族の権利に関する包括的な国際文書である。総会決議であるゆえこの宣言には原則的には法的拘束力はないが、国家には実施が強く望まれ、国連の機関には、実施は義務となっている。また、国際文書や各国の政策や法制度、国内裁判所や地域人権裁判所の判決の基準とし

て用いられている。宣言の起草の大半を以下にみる2つの作業部会が担ったが、いずれも国連研究の観点から見ると極めてユニークな機関である。この節では特に起草過程において先住民族が果たした役割、またその後の国連の活動に対して与えた影響について見ていく。

（1） 先住民作業部会（WGIP）

コボ特別報告者の最終報告書の結論部分には、既存の国際文書が先住民族の権利を保護促進するには不適切であること、新たな宣言と将来的には条約が必要であること、宣言の起草機関として WGIP が望ましいとする提言が盛り込まれた[12]。WGIP は、これを受けて先住民族の権利宣言を起草した[13]。WGIP は、人権小委員会の専門家委員のうち地域的バランスに配慮した5名がメンバーであった。

WGIP が宣言の起草を開始した際、先住民族の参加をどうするかが問題となった[14]。多くの先住民族は、自らが関与することなく自らの権利が宣言に規定されることに強い危機意識を有していた。先住民族は、国家として独立していないために、加盟国として宣言の起草ができず、また民族であってNGO ではないために協議資格 NGO としても会議に参加できない。加えて、国内で厳しく同化を強制された過去をもつ先住民族は、政府を警戒し、政府の一員として起草に参加することにも強い抵抗感があった。このような理由から、第三の道、すなわち先住民族自らが直接国連の会議体で宣言の起草に関わる方法を見い出す必要があったのである[15]。

当時 WGIP の議長であったエイデ（Eide）と国連人権センター（現国連人権高等弁務官事務所の前身）の先住民族の担当者であったディアズ（Willemsen-Diaz）は、先住民族がオブザーバーとして WGIP に直接参加し、意見を述べることを認めた[16]。協議資格の NGO 以外の団体が、自らの権利の宣言の起草に直接的に関わることは国連では初めてであった。1993年に WGIP は、『先住民族の権利に関する宣言案（Draft Declaration of Indigenous Peoples）』の起草を終了するが、他の職務権限があったことか

ら、人権小委員会が解体された 2006 年まで存続し続けた。WGIP は、国連
内外の様々な活動における先住民族のフォーカルポイントとしての役割も果
たした[17]。WGIP が、先住民族の参加を認めていなければ、UNDRIP も今
日の国連における先住民族の地位もかなり違うものとなっていただろう。エ
イデは、後にその時の決断がそれほど将来に大きな意味を持つことになると
は考えていなかったと回顧している[18]。

　WGIP における宣言の具体的な条文の起草過程については別の機会に譲る
が、ここでは、その後の先住民族の権利と国連における位置づけに対する
WGIP の意義について整理したい。

　第 1 に、先住民族と国家との関係性である。この大きな特徴は「対等性」
である。条約等の起草における NGO の役割の重要性は今日注目されている
が、国家と NGO 両者の関係は対等ではない。NGO は政府の代表団の中に
加わらない限り、基本的には会議場内外におけるロビイング活動、国連や国
家への情報提供、国家に対する圧力等を通して間接的に起草に携わる。つま
り、NGO が国家と同じ地位で交渉はできない。他方、WGIP は、5 名の人
権小委員会の委員がメンバーで、国連加盟国も先住民族もみなオブザーバー
であった。つまり、WGIP においては、先住民族は国家と同じ地位を有して
いたのである。加えて、毎年世界中から 1,000 名近い先住民族が参加し、
200 カ国に満たない国家を数的に圧倒していた。多くの先住民族の見守る中
で発言をする国家に対して、先住民族は少なからず圧力となった。WGIP の
宣言案を最終的に取りまとめたダエス（Daes）議長は、先住民族の意見を
宣言案に反映させていった。このような対等な関係性は、後述するように、
UNDRIP の文言にも影響を与えた。

　第 2 に、WGIP を通して、先住民族の「問題」が「権利」として昇格され
たことである。WGIP の英語名は Working Group on Indigenous *Populations*
（イタリックは筆者強調）である。WGIP の設立当初先住民族は民族として
の独自の権利を有さず、単なる「先住の人々（人口）」であった。しかし、
WGIP が採択した宣言案のタイトルは、『先住民族の権利に関する宣言案

(Draft Declaration on the Rights of Indigenous Peoples)』となっており、そこには、はっきりと「先住民族（peoples）」と記されている。先住民族が起草作業に参加したことで、彼らは単なる人々の集まり（population）から、民族として認められたことで集団的な権利を有することとなった。UNDRIP の起草を従来のように国家のみがしていたならば、実現することはなかったことである。

　第 3 に、WGIP はいわば先住民族のフォーカルポイントもしくはプラットフォームとしての役割を果たした[19]。当時はインターネットやメールもなく、先住民族は WGIP に年に 1 回集まることで、世界中の異なる先住民族の現状を知り、共通点を見出し、また情報交換を行った。WGIP は、「先住民族の 10 年」、PFII の設立、他の国際会議への参加のきっかけともなった。こうした WGIP での経験は、その後国連内外で様々な形で引き継がれていくことになる。

（2）　宣言起草作業部会（WGDD）

　1993 年に、WGIP は宣言の起草を終えた。翌年、人権小委員会を経て、宣言は人権委員会に送られた。1994 年総会は、人権委員会に宣言案を採択するように勧告した決議 49/214 を採択し、これを受けて 1995 年に人権委員会は決議 1995/32 によって、宣言の起草を担当する作業部会を設置した。その際、2 つの問題が浮上した。第 1 に、WGIP で確保されていた先住民族の参加の継承の問題である。これに関し、人権委員会は、ECOSOC の NGO の協議資格に関する決議 1296 を参照して、先住民族の作業部会への参加資格を認めた[20]。

　第 2 に、作業部会の名称が問題となった。この作業部会は、通称、宣言案作業部会（Working Group on Draft Declaration: WGDD）で呼ばれたが、正式名は「総会決議 49/214 に従い、宣言案を推敲するための人権委員会作業部会（Working Group of the Commission on Human Rights to elaborate a draft declaration in accordance with paragraph 5 of General Assembly resolution 49/214)」である。なぜそのような名称となったのか。

　実は、1995 年の人権委員会より前に総会決議 49/214 が採択されていたの
は、人権委員会が先住民族権利宣言案を起草することを快く思わない一部の
国家による反対を阻止するための作業部会設置推進派国家の戦略だった。タ
イトルの中に総会決議が言及されたのは、人権委員会が総会決議の履行の義
務を負うため、決議に反対はできないことを示す目的があった。当初決議案
のタイトルには WGIP の宣言案の名称『先住民族の権利に関する宣言案
(Draft Declaration on the Rights of Indigenous Peoples)』[21] が用いられて
いたが、その中の先住民族（peoples）の s が問題となったため、総会決議
の番号を記すことで、WGIP の宣言案の名称がタイトルに現れないようにも
した。

　次に、「推敲する（elaborate）」という作業部会の目的である。元々の決
議案では、作業部会には、宣言案を「起草する」職務権限を与えることに
なっていた。この決議の交渉過程では、WGIP で採択された宣言を一語一句
たりとも変更したくない先住民族とそれを尊重した国家と、国家がメンバー
となる人権委員会の作業部会で宣言案を大きく書き直し内容を変更したいと
いう国家が激しく対立した。結論として、宣言を書き直すことを可能とする
「起草」の文言は削除され WGIP の宣言案をよりよくすることすなわち推敲
（elaborate）はできるが新たに条文を起草はできないとした。この作業部会
の名称は、その後約 10 年におよぶ WGDD の苦難を暗示するものであった
が、同時に国家の起草を阻止させ、宣言の最終的な採択を救うものとなっ
た。

　だが、決議が採択され作業部会が設置されてから、さらなる問題が生じ
た。先住民族は、第 1 回目の WGDD から厳しい現実に直面した。WGIP と
は異なり、国家がメンバーとなる WGDD では、先住民族はオブザーバー
だったので、もはや対等の立場ではなくなった。国家は WGIP にはなかっ
た主導権を握ろうと、先住民族が議論に加わることに反対した。しかし、先
住民族は WGIP の時のように国家との対等な立場を要求した結果、WGDD

での議論は数年にわたり硬直した。

　1997 年、このような状況を打開するために、先住民族と国家が対等に交渉でき、宣言案について議論する非公式会合と、国家がメンバーとして正式に採択する二つの審議段階が設けられた。前者の非公式会合では、先住民族にも国家と同様に投票に参加する権利が認められ、後者の「公式」の会合でも、国連は基本的にコンセンサスで非公式の会合の案を採択していたことから、先住民族が投票する権利は正式でなくとも問題にはならないはずだった[22]。しかし、作業部会のメンバー国は、国家だけの非公式会合を開催し（そのような非公式会合は先住民族の権利宣言に限らず一般的ではあったものの）、先住民族はそこでの議論には参加できなかったために、先住民族は宣言が「起草」されるのではないかと不信感を募らせ、国家との間の溝は深まっていった。そして、本来目標としていた「第一次国際先住民族の 10 年」の終了年にあたる 2003 年に、人権委員会は宣言を採択することができなかった。ただ、非公式であっても前者の会合において、先住民族にも投票権が与えられたことは、その後の先住民族と国連の関わりで重要な意味を持つこととなった。

　その後、2 代目議長にチャベス（Chávez）が就任し、彼は WGIP の宣言案に基づいて、内容面には変更を加えず、類似の条文を統合した議長案を提示した[23]。このままでは宣言は採択できないのではないかと危惧した先住民族の中で、ある程度の変更は認め宣言の採択を優先する派が生まれ、先住民族は一枚岩ではなくなっていた。国家も同様に一部の反対国を除き、先住民族との対立的な態度を軟化させていた。議長は、問題となった自決の権利等のいくつかの条文は後回しにし、合意できる条文から採択させていった。2006 年人権委員会の最後の会期において宣言は採択され、宣言案は同年開催された人権理事会の第 1 回会期において採択された。宣言案はその後総会に送られ、最終的に 2007 年 9 月に総会において、宣言は採択された。

　このように宣言の起草は、決して平坦な道のりではなかった。WGDD のような会議形態は、先住民族だけでなく、50 年以上国連において人権基準

を起草してきた国家にとっても従来の外交交渉とは異なる全く初めてのものであった。両者が経験を積むのに 10 年以上の歳月が必要だったといえよう。条文によっては妥協の産物であることも否めないが、世界の多様な先住民族が起草に参加したことによって、宣言は先住民族の「文化的、経済的、政治的および社会的文脈における基本的な権利」に関する「最も普遍的、包括的そして基本的な文書」[24] となった。

3　先住民族の参加と UNDRIP の規定

UNDRIP は、国連において採択された世界人権宣言をはじめとする多くの人権条約の権利や内容を基本的に踏襲するが、いくつかの点でそれまでの人権基準とは異なるかもしくは発展させるものとなっている。ここでは、特筆すべき条文を取り上げ、先住民族の参加がどのように宣言に影響を与えたのかについて検討する。

宣言の第 1 条では、「先住民族は、集団または個人として、国際連合憲章、世界人権宣言および国際人権法に認められたすべての人権と基本的自由の十分な享受に対する権利を有する」と規定している[25]。同条は、国連の人権条約が基本的に個人の人権を規定しているものと解される中で、先住民族を「民族（peoples）」と認知し、彼らの個人としての権利だけでなく集団的な権利を認めた。そして、宣言の他の条文も先住民族としての個人的権利だけでなく、集団的権利の保護・促進を規定する形となっている。そういう意味でそれまでの人権条約を踏襲しつつ、従来の人権条約の規定から一歩踏み出したものとなっている。

続く第 2 条では、「先住民族および個人は、自由であり、かつ他のすべての民族および個人と平等であり、さらに、自らの権利の行使において、いかなる種類の差別からも、特にその先住民族としての出自あるいはアイデンティティ（帰属意識）に基づく差別からも自由である権利を有する。」と規定している[26]。第 33 条でも「1. 先住民族は、自らの慣習および伝統に従っ

て、そのアイデンティティ（帰属意識）もしくは構成員を決定する集団としての権利を有する。」と規定している。先述のように UNDRIP には先住民族の定義は不在だが、先住民族としての「帰属意識」の部分がここに規定されている。国家は、かかる帰属意識は客観的ではなく主観的な基準に基づく曖昧なものであるため、先住民族の定義に含めることに難色を示したが、先住民族は挿入を強く主張し、これらの条文に規定された。

　さて、宣言の起草で最も論争となったのは、第3条の自決権である。自決権を語らずして先住民族の権利を語ることはできない[27]。自決権は、UNDRIP の中心的な権利であり、他の条文の基盤となっている。UNDRIP に規定されている自決権は、これまで国連で用いられてきた意味とは同じなのか、それとも異なるのだろうか。

　国連憲章は、人民の自決の権利に関して第1条2項で規定し、この権利の実現は国連の目的の一つとなっている。人民もしくは民族の自決の権利には二つの側面があるといわれる[28]。第1に、外的自決権であり、第2に内的自決権である。前者は、「全ての人民は、同権の原則に基づいて、彼らの政治的地位および国際社会における場所を自由に決定する権利を暗に意味し、それは、植民地主義からの解放、および外国の制服、支配、および搾取に人々を従属の禁止によって保証される。」[29]とされる。このような脱植民地化の文脈で用いられてきた自決権の考えは、国内にいる集団の独立の権利を正当化し、国連は、これに基づき多くの植民地の独立を後押ししてきた。植民地独立付与宣言は、2項で「すべての人民は、自決の権利を持ち、この権利によって、その政治的地位を自由に決定し、かつ、その経済的、社会的及び文化的発展を自由に追求」[30]できるとしている。同様に諸国間の友好関係及び協力についての国際法の原則に関する宣言（友好関係宣言）も、人民の自決の権利を認め「主権独立国家の確立、独立国家とその自由な連合もしくは統合または人民が自由に決定したその他の政治的地位の獲得は、当該人民による自決権の行使の形態を成」し、いずれの国家も、「人民から自決権、自由及び独立を奪ういかなる強制的な行為も慎む義務を負う」と規定する。他方

で、「主権独立国家の領土保全または政治的統一を全体としてまた部分的にも分割しまたは害するいかなる行動も認めまたは奨励するものとして解釈してはならない（第５項）」と規定[31]し、自決権に制限を加えている。

　さて、人民の自決の権利のもう一つの側面、すなわち内的自決権は、経済的、社会的、文化的権利に関する国際規約（社会権規約）および市民的政治的権利に関する国際規約（自由権規約）の共通１条で確認することができる。国際人権規約は、全ての人民に自決の権利を認め、締約国にこの条文の履行を義務づけている。そして、自決の権利は、その他の人権の実効的な保障、履行、促進、強化にとって不可欠の重要な権利であると考えられている[32]。それゆえ、共通１条では、すべての人民は、「その政治的地位を自由に決定し並びにその経済的、社会的及び文化的発展を自由に追求する。（第１項）」と規定する。しかしながら、人民の自決の権利は、国連憲章の規定に従って実現されるものとし（第３項）、領土保全を侵害するものであってはならない。つまり、国際人権規約において認められている自決の権利は、内的自決権に限定される。人種差別撤廃委員会は内的自決権について、次のように述べている[33]。

　　　「政府は、種族的集団に属する者の諸権利、特に、尊厳のある生活を送る権利、自己の文化を維持する権利、国家の成長の果実を衡平に配分される権利及び自らが市民である国の政府において自らの役割を果たす権利について、敏感であるべきである。また、政府は、適当な場合には、その市民からなる種族的又は言語的集団に属する者に対して、当該者又は集団のアイデンティティの維持に特に関連する諸活動に従事する権利を付与することを、自国の憲法の枠内において、検討するべきである。」

　人権条約における自決権は、自治権もしくは集団が国家の制度等に関与、参加する権利である。この権利は、国内の民主的な統治に、人民が自由、公

平で開放された参加をする権利で、「全ての人々が、自分たちが居住し仕事をしている市民社会を形成する機会」[34] を創出するものである。この権利は、民主主義に行き着く。

それでは、先住民族が求めている民族自決権は、上記のいずれなのだろうか。あるいは、異なるのだろうか。

WGIP の議長を務めたエイデやダエスは、大半の先住民族は、起草段階から国家からの独立を望んでいたのではなく、自らに関係のある問題（とりわけ土地）に関して自分たちでものごとを決めることができる自己決定権もしくは自治権（autonomy）を求めていたと述べている[35]。つまり、多くの国家が恐れていたような外的自決権ではなく、自らの政治制度の権限を国家に認めさせ、地方や国の審議体にも先住民族として参加する、内的自決権を彼らは求めていたのである。

採択された UNDRIP の第 3 条は、次のように規定する。「先住民族は、自決の権利を有する。この権利に基づき、先住民族は、自らの政治的地位を自由に決定し、経済的、社会的および文化的な発展を自由に追求する。」（筆者訳）。そしてこれに続く第 4 条では、「先住民族は、その自己決定権の行使において、このような自治機能の財源を確保するための方法と手段を含めて、自らの内部的および地方的問題に関連する事柄における自律あるいは自治に対する権利を有する。」と規定している[36]。第 4 条は、第 3 条の自決権が、自己決定、自治、自律と同じ意味として用いられていることを示す。さらに第 33 条 2 項では、「先住民族は、自身の手続きに従って、その組織の構造を決定しかつその構成員を選出する権利を有する。」と自治について規定している。

第 5 条では、自決の権利にとって重要な要素の参加の権利について記している。同条は、「先住民族は、国家の政治的、経済的、社会的および文化的生活に、彼／女らがそう選択すれば、完全に参加する権利を保持する一方、自らの独自の政治的、法的、経済的、社会的および文化的制度を維持しかつ強化する権利を有する。」と規定する。また、第 19 条では、参加の権利の具

体的な形態を示し、「国家は、先住民族に影響を及ぼし得る立法的または行政的措置を採択し実施する前に、彼／女らの自由で事前の情報に基づく合意を得るため、その代表機関 を通じて、当該の先住民族と誠実に協議し協力する。」と規定する[37]。これは、近年注目されている開発プロジェクトなど、自らに影響がある事柄に対して、事前に自由な意思による十分な情報を得たうえで合意する（Free Prior and Informed Consent: FPIC）の考えに繋がっている。

　さて、UNDRIP がこれまでの人権条約と異なるのは、先住民族の権利の実施を、国内にとどまらず、国連や国際社会にも拡大している点である。第42条では、「国際連合および先住民族問題に関する常設フォーラムを含む国連機関、各国に駐在するものを含めた専門機関ならびに国家は、本宣言の条項の尊重および完全適用を促進し、本宣言のフォローアップを行う。」[38] と規定している。この条文の基盤となった WGIP の宣言案の第17条では「先住民族は、自らの権利、生命および運命に係る意思決定のすべての段階において、自らの手続きに従って自ら選出した代表者が完全に参加する権利がある」と規定されていたが[39]、この「完全に参加する権利」は、先住民族の制度や国内制度だけでなく、国際的な制度への参加の権利も念頭に置かれていた。この点は、後述するように国連と先住民族問題との関わりで大きな意味を持ってくる。

　また、宣言の第46条は、「1. 本宣言のいかなる規定も、いずれかの国家、民族、集団あるいは個人が、国際連合憲章に反する活動に従事したり、またはそのような行為を行う権利を有することを意味するものと解釈されてはならず、もしくは、主権独立国家の領土保全または政治的統一を全体的または部分的に、分断しあるいは害するいかなる行為を認めまたは奨励するものと解釈されてはならない。」[40] と規定し、これは友好関係宣言ならったものである。これによって、先住民族の外的自決権は基本的に否定され、内的自決権に限定された。とはいえ先住民族の宣言起草の原動力が、自らの政治、経済、社会、文化的な制度等の認知や保護とともに、国家の制度の参加にあっ

たことに鑑みると、彼らが目指してきた目的は実現されたともいえる。

　ところで、以上の宣言の規定を見ると、そもそもの自決権の二分論が妥当なのか、考え直す時が来ているといえよう。アナヤ（Anaya）は、それまで先住民族の自決権への反発は、自決権が独立の権利だとする間違った捉えられ方が原因であったとする。彼は、外的自決権、内的自決権の二分論を否定し、自決権は、自由、平等の概念の延長線上にあるものであって、統治の正当性の基準であるととらえる。彼は、自決権の二分論から離れ、自決権の構成要素として、二つの規範的な系統を提唱する。それは、制度設計的（constitutive）側面と継続的（ongoing）側面である。前者の自決権は、統治される人々や人民（民族）の意思を統治制度が反映する制度設計となっていなければならないとする。後者の自決権は、かかる統治秩序が、自己に関係ある事柄について個人もしくは集団が意義ある選択を取り続けられるように、個人や集団の権利を保障しなければならないとする[41]。このような考えを先住民族の自決の権利に当てはめてみると、制度設計的に彼らの意思が統治に反映されなければ、自決の権利が実現されないわけであり、自決権の保障のためには、統治制度の設計を変革する必要も出てくる。同様に、自決権の保障には、先住民族に関わりのある物事について、彼らが意味ある選択が継続してできるように統治制度は彼らの権利を保障しなければならなく、そのような制度の構築が求められる。これらは時として差別的な構造（structural discrimination）の是正までおよぶものである[42]。

　このように、WGIP や WGDD における先住民族の直接的な関与は、先住民族が望んでいた完璧な姿ではなかったにせよ、2007 年時点では、最も現実的なバランスの上に立って採択されたものだった。国家だけが起草に従事していたならば、上記に見たような人権の変革もしくは発展はなかっただろう。テナント（Tennant）は、次のように述べている。「参加の問題は、ほぼ例外なく国連の時代のものである。国連制度の観点から、より多くの先住民族が国際機構に関わることは、この過程や結果がより正当なものとなり、これは基本的な原理である。」そして、「より多くの参加は、より多くの正当

性を生み、本物となる。」[43] つまり、WGIP や WGDD などの国連の会議により多くの先住民族が参加したことは、宣言により正当性を与えたのである。

4　UNDRIP の実施と国連

UNDRIP は現在実施の段階に入っている。従来の国連の人権関係メカニズムの人権理事会の UPR、特別手続きの下での特別報告者、人権条約機関のほか、以下にみる先住民族が参加する 2 つの機関も宣言の実施を担っている。

（1）　先住民問題に関する常設フォーラム（PFII）

PFII は、1993 年のウィーン宣言及び行動計画に基づき、2000 年に ECOSOC の下部機関として設置された（決議 2000/22）。WGIP が国連の人権機関の中で最下位にあり、先住民族の人権侵害に対して具体的な措置を実行できなかったため、先住民族は国連内により上位で、常設的な先住民族の人権侵害に対する勧告が可能な機関の設置を望んでいた[44]。

PFII の構成員は先住民族の問題に関する独立した個人的専門家としての資格を有する 16 名で、任期は 3 年であり 1 回の再任が認められている。委員の半数は、各国政府の推薦後 ECOSOC によって選出されるが、残りの半数は、地元（ローカル）の先住民族の協議手続きを含む、世界の先住民族の多様性、地理的配分、透明性、代表制、全ての先住民族の機会均等性を考慮に入れた、先住民族組織との広範な協議に基づき、ECOSOC の議長団と地域グループとの公式な協議を通して、ECOSOC の議長によって任命される。つまり、構成員の半数は国家が推薦する先住民族に関する専門家であり、残りの半数は先住民族の組織等が「推薦」し、ECOSOC の議長が任命した先住民族枠となっている。ただ前者の委員にも、国によっては先住民族を推薦する場合もあるため半数以上が先住民族となっているのが特徴である。さら

に、オブザーバーには、国家、国連の諸機関、協議資格の NGO、WGIP において参加が可能であった先住民族も資格が認められている。

PFII は ECOSOC の下部機関であることから、人権以外にも、経済社会開発、文化、環境、教育、保健の6つの分野を任務の対象とし、幅広い視点から先住民族の問題を扱う。PPFII の具体的な任務としては次の3つがある。

　　(a) ECOSOC および国連の計画、基金、機関に対して、先住問題に関する専門的な諮問および勧告と提供すること、

　　(b) 国連システム内において、先住問題と関係する活動の意識の向上およびそれらの統合および調整を促進すること、

　　(c) 先住問題の情報を準備し、普及すること、である。

なお、PFII は、先住民族の権利の保護・促進ができていない国家に対する名指しの勧告はできず、勧告は国連の他機関に対するものに限定されている。

さて、UNDRIP 第42条の実施を担う機関として唯一 PFII が明示的に規定された。これを受け、2008年より PFII の職務権限に、UNDRIP の実施も追加された。PFII は、先住民族の目線に立って、宣言の実施にあたって国家や地域機関との対話、また6つの重点分野における宣言の適用、国連の諸機関の活動における先住民族の権利の主流化、国連機関間の調整、各機関の活動に先住民族の参加に注力している。

（2）　先住民族の権利に関する専門家機構（EMRIP）

EMRIP は、2007年人権理事会に研究や調査に基づいたテーマ別の諮問を提供する目的で、5名の専門家からなる人権理事会の下部機関として設置された（決議 6/36）。2006年に人権小委員会が任務を終了したことに伴い WGIP が解体されたことから、WGIP の代替機関として EMRIP が設置された。そのためもあって、EMRIP は設立当初から、職務権限が弱いこと、とりわけ、UNDRIP の実施が職務権限に含まれていないこと、既存の先住民族関連国連機関との職務権限の重複が問題視され、早急な改革が必要である

と指摘されていた。

　そのような中、EMRIP は人権理事会の要請に基づき、UNDRIP の実施に
関して、各国政府に対して良い慣行（best practice）を含む質問を送付し、
2014 年にその回答を最終報告書にまとめている[45]。このような良い慣行を
集積する方式は、後にハンセン病の宣言実施でも導入されている[46]。

　2014 年の世界先住民族国際会議の採択文書を受け、2016 年に人権理事会は、
EMRIP の改革を行なった（決議 33/25）。EMRIP のメンバーの人数は 5 名
から 7 名となり、従来の国連の地域的区分ではなく、先住民族の社会文化的
地域（アフリカ、中央および南アメリカおよびカリブ、北極圏、中央および
東欧、ロシア、中央アジアおよび南コーカサス、北米、および太平洋）から
専門家が選出されることになった。また、人権理事会の要請によることな
く、自らの判断で研究を行うことも可能となった。新しい職務権限に、（1）
加盟国および先住民族から寄せられた提案も考慮に入れて、専門家メカニズ
ムによって決定された一もしくはそれ以上の宣言の関連条文に焦点をあて
た、宣言の目的達成に関する、挑戦や良い慣行や勧告も含む、先住民族の権
利の状況に関する年次報告書を作成すること、（2）宣言の目的達成の努力を
認め、良い慣行および学んだことを識別し、それを普及し、促進すること、
（3）国内法整備および政策の発展に関する技術的諮問の必要性を認知し、要
請に基づき加盟国かつ又は先住民族を支援すること、（4）加盟国の要請に基
づき UPR および条約機関、特別手続き又はその他の関連メカニズムにおい
て採択された勧告の実施のための支援や諮問を提供すること、（5）宣言の目
的を達成するために、加盟国、先住民族かつ又は民間部門の要請に基づき、
すべての関係者が合意できる場合に、対話の促進に関与し支援することが加
わった。

　このように、EMRIP の職務権限の中に UNDRIP の実現が明確に規定され
るようになった。EMRIP はこれまでテーマ別の研究を行ってきたが、新し
い職務権限の下の好例として、世界に先駆けてニュージーランドが
UNDRIP 実施のための国内計画を策定した際、EMRIP の専門家の諮問が参

考とされたことがある[47]。また、宣言の10周年を記念して、宣言の実施が抱える問題点の研究も作成している。その中では、宣言の採択から10年経っても未だ多くの先住民族が未だ宣言の権利を国内において享受できていないことが指摘されている[48]。

5 先住民族の参加の拡大

これまで見てきたように、先住民族はWGIPをきっかけとして、宣言の起草だけでなく実施に直接に関わるようになっている。国連は、UNDRIP第41条によって宣言の完全なる実現への貢献の義務があることから、先住民族の自決権や参加の権利の実施も負うことになる。アナヤの2つの自決権の考え方に沿えば、国連は先住民族が自決権を享受できるために制度を改革し、その後も継続して先住民族が自決権を含む宣言の権利が保障されていることが求められている。

国連における先住民族の参加は、上記の機関以外にも進んでいる。例えば、1992年のリオの国連環境開発会議においては、持続的な開発に関わる9つの主要グループの1つとして先住民族は認められ、彼らはアジェンダ21の26章の先住民族に関する規定を挿入することに成功した。また、先述のとおり1993年の世界人権会議で採択されたウィーン宣言及び行動計画の中に先住民族の常設的な機関の設立が盛り込まれた。他にも、世界銀行の先住民族に関する開発政策の改訂作業への先住民族の参加、生物多様性条約8条jの先住民族に関する規定および関連条項に関わるアドホック公開作業部会（WG8（j）10）の共同議長および議長団への先住民族の登用、名古屋議定書およびポスト名古屋の起草過程への先住民族の参加、世界知的所有権機関（WIPO）の会議のオブザーバー地位としての参加等がある。また近年では、SDGsの起草における先住民族の参加により、SDGsの中に先住民族に関する具体的な規定が盛り込まれた[49]。先住民族の参加は、人権の分野だけでなく環境や開発分野にも及んでおり、この動きは、国連の内外に拡大してい

る。

　かつて国連人権関係機関の最下位の WGIP に参加が許された先住民族は、今では、国連システムの多くの機関に参加が可能となった。だが、各機関における彼らの参加は国家のような確固たる地位ではなく、あくまでケース・バイ・ケース、PFII と EMRIP を除いて、アドホックである。また、組織的には下部機関であり、先住民族のメンバーは正式メンバーよりも補佐的役割を果たしていることの方が多い。そして、国連の主要機関においては、未だ先住民族が参加する道は閉ざされたままである。

　現在、世界先住民族会議を受けて、国連諸機関における先住民族の参加についての研究が進められている。そのきっかけは、世界先住民族会議が行われた総会が、先住民族の参加を認めていないことだった。同会議の成果文書（総会決議69/2）は、総会が第70回会期において、国連関連機関の先住民族関連議題の審議の際に先住民族の代表が参加できる方法を検討するとした。国連総会第70回会期では、審議の結果、議長に次回の会期までに勧告をまとめるように要請し（決議71/321）、議長はそのために自身を支援する4名のアドバイザー（そのうち2名は加盟国、2名は先住民族より選出）を任命した。議長は第71回会期において報告を行ったが、その後も任務は継続している。2018年からの3年間、PFII の開催に合わせ非公式のヒアリングを開催する予定であったが、2020年の会合は、新型コロナのため対面の開催ができなかった。先住民族間の情報格差のため、コロナが落ち着き対面での開催が可能になるまで会合を延期することを先住民族は要望したため、2022年2月現在会合は再開されていない。これまでの議論で挙がった点には以下のものがある。多くの先住民族は、（1）国家でも NGO でもない第3の地位の新設を希望、（2）（1）は NGO の協議資格よりも下であってはならない、（3）総会、ECOSOC、人権理事会およびその下部機関において、先住民族の参加を強化する必要がある、（4）先住民族の定義は、帰属意識もしくは先住民族の慣習や伝統に基づくものでなければならないこと等を望んでいる[50]。今後、先住民族が国連の中で新たな地位を獲得できるかは、現時点

では不透明である。また、宣言が採択されてから15年が経った今もなお国内における彼らの権利の実現の道のりは遠く、国内における自決権をどのように国連や国際社会が支援していけるのかも重要な問題であり、彼らの国連での参加の議論は、国内の自決権の実現を念頭においたものでなければならない。

6 国連研究の観点からの分析

上記の国連における先住民族の参加は、「とりわけ、自らの植民地化とその土地、領域および資源の奪取の 結果、歴史的な不正義によって苦しみ、したがって特に、自身のニーズと利益に従った発展に対する自らの権利を彼/女らが行使することを妨げられてきた」(UNDRIP 前文) という先住民族特有の過去と地位ゆえの特別な措置となるのだろうか。それとも、今後、先住民族以外の個人や人民にも拡大していくのであろうか。

2006年に採択された障害者の権利に関する条約が起草された際、世界中の障害者が「私たちのことを私たち抜きで決めないで(Nothing about us without us)」を合言葉に起草に参加した[51]。NGO の参加は、以前からも見られるものであり今日では珍しい光景ではないが、このスローガンは、先住民族が国連において主張してきたことと重なる。果たして先住民族の経験が障害者にも影響を与えたのかは不明であるが、当事者が自らの権利に関心を寄せ、条約等の起草に直接参加することが今後増えることは、インターネットが普及し、個人が情報を発信でき、様々な情報が瞬時に世界をかけ巡る今日、想像に難くない。このことは、国家に認められてきた条約起草の排他的権利の終焉の始まりを物語っているのかもしれない。また、これまで人権条約は国家の履行や国家の民主化に焦点を当てて、国連はそれを支援する役割にあった。宣言や条約の実施の第一義的な主体は国家であることには変わりないが、先住民族の国連の会議への参加は、同時に国連の民主化ももたらしている。

　杉浦はかつて「国連が目指すグローバル・デモクラシーから国連と人民との関係を導き出すと、大きな流れとしては、従来の加盟国の代表を通じた間接的な関係から、NGO の参加の制度化を通じた直接的な関係へと向かいつつある。」と述べている[52] が、先住民族の存在はこの認識がさらなる次の段階に進みつつあること表している。NGO もこれまで様々な形で国連の活動を支援したり、人権の保護・促進をしてきており、国連が目指しているグローバルな民主化に貢献してきた。しかし、従来の NGO と先住民族の直接参加が違うのは、当事者が自らの基準の設定に関わり実施に関与していることである。さらに、彼らの参加の基盤が、宣言や人権条約の自決の権利の実現にあり、人権であることだ。本稿で見たように、自決の権利は民主主義の重要な要素である。先住民族は、自らの自決の権利の実現のために、国内だけでなく、国連内外の国際機構の活動において、参加の道を切り開いている。その意味で、国連の民主化の基盤に—少なくとも先住民族の分野では—人権があるのである。

　このように国連などの国際機構では、先住民族の関わっているところで、グローバルな民主的な制度が十分ではないにせよ発展しつつある。これまでの国連の民主化の議論では、国連の会議や活動に国家以外のアクターの関与に着目し、それらのアクターによる国内の民主化の支援に着目していたが、先住民族の場合、彼らの参加が、人権を基盤とし、自らの権利の実現や国内における自決権、民主主義の強化のために、国連（やその他の機構）の民主化がもたらされているという点で異なっている。

　だが、自決の権利は、先住民族が特別に有しているのではなく究極的には全ての人々が有する権利でもあることを忘れてはならない。その意味で、アナヤが打ち出す自決の権利や参加の権利は、先住民族に限らず全ての人々も有するものなのであり、自決権や人権の観点から、全ての人々にも国連への参加の道が開かれる可能性がある、もしくは開かれなくてはならない。先住民族の経験は、国連のグローバルな民主化にとって大きな転換点となりうる。

おわりに

国連憲章は、「We the Peoples（我ら人民は）」で始まる。21世紀の初め、当時のアナン（Kofi Anan）事務総長が発表した同名の報告書には、国連の再生には、国家がNGO、企業等と協力して合意を探る必要性が言及されている。

国連の、もしくはグローバルな民主化の動きが、今後先住民族以外の人々をも巻き込んでいくかは、現時点では不明である。ただ、人々が自身に関わる問題について、国連との直接的な関与を深めていく動きは今後進む可能性は大いにある。その基盤となるのが、国連がこれまでも重要としてきた自決の権利、すなわち人権である。先住民族の関与は、彼らの宣言により正当性を与えた。国連がより正当な機関であるためには、国家以外の人々の参加が不可欠である。同時に、国連の民主化は、国内の民主化の実現、そして最終的には国内の全ての人々の人権の保護・促進の実現とならなければならない。グローバルな正義の概念は、「人間味のある（人道的）統治」の達成の観点から論じられてきている[53]が、まさに先住民族の参加はこれにあたるだろう。

だが、加盟国の全てが民主主義国家ではない。こういった加盟国の国連おける影響力の強化は、国連における民主化の議論を縮小させていく可能性もある。冷戦終結直後の1990年代だったからこそ、先住民族の参加が可能だったのかもしれない。他の団体や人々がこの後に続けるかは、国連がどれくらい人権を活動の基礎をおけるかにかかっている。先住民族が国際連盟の扉を叩いてからほぼ100年になる[54]。相変わらず国家が排他的な主体である国際社会ではあるが、恐らく100年後の世界では国連において国家だけが主体の独占的な地位を有していることはもはやないだろう。

注

1　UN Document, A/RES/71/178, 19 December, 2016.

2　Russel Lawrence Barsh, "The Inner struggle of Indigenous Peoples," in Roxanne Dunbar-Ortiz, Dalee Sambo Dorough, Gudmundur Alfredsson, Lee Swepston and Petter Wille (eds.), *Indigenous Peoples' in International Law: emergence and application*, Gáldu & IwgIa, Kautokeino & Copenhagen, 2015, p. 87, accessed 31 January, 2022, https://www.iwgia.org/images/publications/0709_INDIGENOUS_PEOPLES_RIGHTS_2.pdf

3　UN Document, A/RES/61/295, 13 December, 2007.

4　Claire Charters は、国際法への先住民族の貢献としてこのうちの第 1 点と第 2 点をあげている。Claire Charters, "The Sweet Spot between Formalism and Fairness: Indigenous Peoples' Contribution to International Law," *AJIL Unbound*, vol. 115, 2021, p.12, accessed 31 January, 2022, https://www.cambridge.org/core/journals/american-journal-of-international-law/article/sweet-spot-between-formalism-and-fairness-indigenous-peoples-contribution-to-international-law/87EE11DF2CCFF15DB4A9A65E5AC9D1C3.

5　国際法としては、例えば S. James Anaya, *Indigenous Peoples in International Law*（Oxford: Oxford University Press, 2004）や Patrick Thornberry, *Indigenous Peoples and Human Rights*,（Manchester: Manchester University Press, 2002）がある。国際関係としては、Sheryl Lightfoot, *Global Indigenous Politics: A subtle revolution*（New York: Routledge, 2016）などがある。

6　例えば、UNDRIP の採択を受けて、日本は「アイヌ民族を先住民族とすることを求める決議案（第一六九回国会、決議第一号）」を採択しているが、この決議では先住民族の用語が用いられている。衆議院「アイヌ民族を先住民族とすることを求める決議案（第一六九回国会、決議第一号）」（https://www.shugiin.go.jp/internet/itdb_gian.nsf/html/gian/honbun/ketsugian/g16913001.htm, 2021年 1 月 30 日）。

7　United Nations Office for High Commissioner for Human Rights, "About Indigenous and Human Rights," accessed at 12 February, 2022, https://www.ohchr.org/EN/Issues/IPeoples/Pages/AboutIndigenousPeoples.aspx, World Bank, "Indigenous Peoples", accessed 24 December, 2021, https://www.worldbank.org/en/topic/indigenouspeoples#1.

8 Martinez Cobo, *Study of the Problem of Discrimination against Indigenous Populations: Preliminary Report Submitted by the Special Rapporteur*, UN Document, E/CN.4/Sub.2/L. 566, 29 June 1972, pp. 10-13.

9 ILO, *Understanding the Indigenous and Tribal Peoples Convention, 1989 (No. 169) HANDBOOK For ILO Tripartite Constituents*, 2013, Geneva, p.2, accessed 20 January, 2022. https://www.ilo.org/global/standards/subjects-covered-by-international-labour-standards/indigenous-and-tribal-peoples/WCMS_205225/lang--en/index.htm.

10 United Nations Office for High Commissioner for Human Rights, *Indigenous Peoples and the United Nations Human Rights System, Factsheet No.9 rev,2*, 2013, p. 3, accessed, 21 January, 2022, https://www.ohchr.org/documents/publications/fs9rev.2.pdf.

11 富田麻里「人種差別の禁止と少数者・先住民族の権利」横田洋三編『新国際人権入門—SDGs 時代における人権』93-94 頁。

12 Martinez Cobo, *Study of the Problem of Discrimination against Indigenous Populations: Final Report Submitted by the Special Rapporteur*, UN Document, E/CN.4/Sub.2/ 1983/21/Add.8, 30 September, 1983, pp. 79-80.

13 UN Document, The Sub-Commission on the Prevention of Discrimination and the Protection of Minorities Resolution 2 (XXXIV), 8 September 1981.

14 Augusto Willemsen-Diaz, "How the Indigenous Peoples' Rights reached the UN," in Claire Charters and Rodolfo Stavenhagen (eds.), *Making the Declaration Work*, International Work Group for Indigenous Affairs, (Copenhagen: Transaction Publisher, 2009), p. 20 and pp. 26-28, Asbjørn Eide, "The Indigenous Peoples, The Working Group on Indigenous Populations and the adoption of the UN Declaration on the Rights of Indigenous Peoples," in Charters and Stavenhagen, *op,cit.*, p. 34.

15 M.J. Peterson, "How the indigenous got seats at the UN table", *The Review of International Organizations*, vol. 5 (2010), p. 207 and p. 209, Michael A. Murphy, "Representing Indigenous Self-Determination," *University of Toronto Law Journal*, vol. 58 (2008), p. 186.

16 Diaz, *op,cit.*, pp. 27-28, Eide, *op,cit.*, p. 34.

17 Asbjørn Eide, "From Prevention of Discrimination to Autonomy and Self-

determination: The Start of the WGIP, The Achievements Gained and Future Challenges," in Dunbar-Ortiz, Dorough, Alfredsson, Swepston and Wille (eds.), *op.cit.*, pp. 156-157.

18　Eide, "The Indigenous Peoples", *op.cit.*, p. 34.

19　*Ibid.*

20　ただ、このような基準はあったものの、実質的には、国家の承諾があればどの先住民族も参加資格を得ることが可能ではあった。筆者は、日本政府の代表として交渉に臨み、決議の起草を担当したが、当時決議の起草に直接参加した国家と国連人権センターの先住民族担当の Julian Burger との了解であった。

21　UN Document, E/CN.4/Sub.2/1993/26, 8 June, 1993.

22　Peterson, *op,cit.*, pp. 204-205.

23　Luis Enrique Chávez, "The Declaration on the Rights of Indigenous Peoples Breaking the Impasse: the middle ground," Dunbar-Ortiz, Dorough, Alfredsson, Swepston and Wille (eds.), *op,cit.*, pp. 101-102.

24　UN Document, E/2009/43-E/C.19/2009/14, p. 20.

25　国連広報センター「先住民族の権利に関する国際連合宣言（仮訳）」（https://www.un.org/esa/socdev/unpfii/documents/DRIPS_japanese.pdf, 2022 年 1 月 30 日）。

26　*Ibid.*

27　Anaya, *op,cit.*, p. 97.

28　Committee on Elimination of Racial Discrimination, "General recommendation 21 (48)," CERD/48/Misc.7/Rev.38 March 1996, para. 4.

29　*Ibid.*

30　岩沢雄司、植木俊哉、中谷和弘編『国際条約集 2021』有斐閣、2021 年、98 頁。

31　*Ibid.* 42-43 頁。

32　Human Rights Committee, "General Comment 12: Article 1 (The Right to Self-determination of Peoples) The Right to Self-determination of Peoples," 13 March, 1984, para.1.

33　Committee on Elimination of Racial Discrimination, *op,cit.*, para. 5.

34　Thomas M. Franck, "The Emerging Right to Democratic Governance," *American Journal of International Law*, Vol 86 (1992), p. 542.

35　Eide, "The Indigenous Peoples," *op.cit.*, p. 41, エリカ・イリーネ・A・ダエス

「世界の先住民族の保護と人権」ヤヌシュ・シモニデス編、横田洋三監修、秋月弘子、滝沢美佐子、富田麻理、望月康恵訳『国際人権法マニュアルー世界的視野から見た人権の理念と実践』392 頁。

36　国連広報センター、前掲資料。

37　*Ibid.*

38　*Ibid.*

39　Erica-Irene Daes, "Revised Working Paper," *op,cit.*

40　国連広報センター、前掲資料。

41　Anaya, *op,cit.*, pp. 103-106.

42　Rodolfo Stavenhagen, "Making the Declaration Work" in Charters and Stavenhagen, *op,cit.* p. 361.

43　Chris Tennant, "Indigenous Peoples, International Institutions, and the International Legal Literature from 1945-1993," *Human Rights Quarterly*, vol.16 no. 1 (1994), p. 49, p. 53.

44　岩沢雄司「先住民族に対する国連の新たな取組みー『先住問題常設フォーラム』新設の意義」『ジュリスト』1293 2005 年 7 月 1 日、91-92 頁。

45　UN Document, A/HRC/27/67, 25 July, 2014.

46　UN Document, A/HRC/38/42, 25 May, 2018.

47　"New Zealand aims to be first with UN Declaration on Rights of Indigenous Peoples plan," *NZ Herald*, April 18, 2019, accessed 1 February, 2022.　https://www.nzherald.co.nz/kahu/new-zealand-aims-to-be-first-with-un-declaration-on-rights-of-indigenous-peoples-plan/37SIZRT3CQB4UWRWMXFYDXG2SY/

48　UN Document, A/HRC/36/56, 7 August, 2017.

49　富田、前掲論文、100-101 頁。

50　UN Document, A/75/55, 27 July, 2020, p. 9.

51　DPI 日本会議「障害者権利条約の完全実施」(https://www.dpi-japan.org/activity/ crpd/, 2022 年 2 月 1 日)

52　杉浦功一「国連と『我ら人民』('We the Peoples') の関係」『国連研究』第 5 号 (2004 年 5 月)、80 頁。

53　Richard Falk, *Human Rights Horizons: The Pursuit of Justice in a Globalizing World*, (New York: Routledge, 2000), p. 19.

54　Sharon H Venne, "The Road to the United Nations and Rights of Indigenous

Peoples," *Griffith Law Review*, Vol. 20, no.3 (2011), pp. 558-559.

Ⅱ

研究ノート

4 国際移住機関の変容と人権：
国連「関連機関」化の規範的含意と実践的影響

大 道 寺 隆 也

はじめに

　本稿は、国際移住機関（International Organization for Migration: IOM）の国際連合（国連）システムへの編入の規範的含意および実践的影響を明らかにすることを目的とする。2016年7月、国連総会は、IOM を国連の「関連機関（a related organization）」と位置づける機関間協定を承認した[1]。これにより同機構は、「移民分野におけるグローバルな主導的役割」を認められた一方、国連憲章上の義務を引き受けることになった[2]。この編入は、IOM の性格や活動ならびに移動者の人権保障にいかなる影響を与えたのだろうか。

　IOM 憲章（Constitution）には人権保障に関する明文の規定はないが、第三国定住支援や自主的帰還支援といった諸活動が移動者の人権状況を直接に左右する場合も少なくない。同機構が、いわば国家の道具として加盟国の移動者排除に寄与し、移動者の人権を侵害している例も指摘されている[3]。ところが、IOM が移動者の人権状況に与える影響や、その編入に伴う変化に関しては、知られるところがほとんどない。それゆえ、IOM が移動者の人権に与える影響を明らかにすることが要請されている。

　本稿は、IOM の略史、特徴、および編入に至る過程を説明した後（第1節）、編入の評価に関する学説を概観する（第2節）。そのうえで、編入の含意と影響を、規範と実践の両面から検討する。規範的には、IOM が編入に

伴っていかなる法的義務を負うようになったかを、「非規範的（non-normative）」という概念を中心に明らかにする。実践的には、IOM と欧州連合（European Union: EU）との関係に着目し、IOM が、地中海地域（とりわけリビア）においていかなる人権尊重の取り組みを行っているかを示す（第 3 節）。最後に、結論と今後の課題を述べる（おわりに）。

　本稿の分析は、IOM を含む国際機構の文書類の分析と、東京・ジュネーブ・リビアの IOM 事務所職員各 1 名へのインタビューに基づく質的事例研究である[4]。なお、人権保障の実情を詳らかにするためには移動者に直接インタビューすることがより望ましいが、COVID-19 の流行とリビアの情勢不安のため、フィールドワーク実施は困難であると判断し、代わりに NGOs の報告書に依拠した。

1　IOM の概要と歴史——設立から編入まで

（1）　IOM 略史[5]

「難民」と「移民」が制度的に区別されるようになったのは、1950 年代のことである[6]。国際難民機関（International Refugee Organization: IRO）の活動終了後、その機能は、国連難民高等弁務官事務所（United Nations High Commissioner for Refugees: UNHCR）と、欧州からの移民移動に関する暫定政府間委員会（Provisional Intergovernmental Committee for the Movement of the Migrants from Europe: PICMME）に分けて継承され、「UNHCR と PICMME の設立で、『難民の』保護レジームが設けられ、前者は法的問題に、後者は輸送にそれぞれ集中することとなった」[7]。1951 年に設立された PICMME は、当初は文字どおり暫定の機構であったが、翌年に常設化され、欧州移民政府間委員会（Intergovernmental Committee for European Migration: ICEM）と改称された。PICMME も ICEM も、冷戦の文脈でアメリカの意図を反映し、共産主義国を排除した形で成立していた。柄谷によれば、戦後欧州における「『余剰人口』問題が、大量失業者問題と

して、欧州の戦後復興を脅かし、ひいては、共産主義的思想が広まる事を非常に危惧していた」アメリカが、「① UN 枠外に、政府間主義に基盤をおき、②『移民』及び『難民』の輸送に特化し、③ IRO の保有する再定住化のための設備やノウ・ハウを利用した、そのような機関を設置すること」を望んでいたという[8]。

ICEM は、当初は欧州から非欧州への移民移動支援を主たる任務としていたが、1970 年代以降その活動範囲は拡大された。ペルシュー（Richard Perruchoud）によれば、東欧から西欧への移民や、アフリカ、ラテンアメリカおよびアジアにおける「潜在的難民」の増加という新しい情勢を踏まえ、ICEM が「地理的制約の事実上の撤廃」と「サービス提供への力点の移動」という 2 つの変化を遂げたという[9]。さらに、1980 年、移動理由の多様化、移民政策の「量から質」への転換、加盟国数増加といった変化を背景に、ICEM は移民政府間委員会（Intergovernmental Committee for Migration: ICM）と改称された[10]。

こうした情勢変化を踏まえ、ICM 理事会は 1984 年に憲章改定を決定し、改定された憲章が 1989 年に発効したことによって、ICM は IOM と改称された。地理的制約が撤廃され、「移住者であろうと、経済移民であろうと、難民であろうと、強制移動者であろうと、自国への帰国者であろうと、ある国から別の国に移動するいかなる人物も秩序ある移動ができるようになった。決定的要素は、そうした人々が国際的な移民サービスを必要としているという点にあったのである」[11]。一方で、ICM の基本原則——人の自由移動原則、各国の移民関連権限の尊重、各国の同意原則——は維持された[12]。

IOM は、とくに 1990 年代以降、「プロジェクト化（projectization）」されていった。これは、IOM の予算が、「特定のプロジェクトに紐づいている」ことを意味する[13]。プロジェクト毎に加盟国が予算を支出し、IOM はそのプロジェクトを遂行するのである。ペクー（Antoine Pécoud）は、「これにより IOM は、諸国が望む（かつ支払ってやらせる）ことしかできなくなった。規範的なマンデートを有する国際機構と異なり、IOM は決して加盟国

を批判せず、自らの（そもそも存在しない）基準と適合しないプロジェクト
の実施に抵抗するということも考えづらい」と指摘している[14]。こうして
IOM は加盟国への奉仕者としての性格を強め、加盟国による移動者排除や
人権侵害に寄与しているとしばしば批判されることになる[15]。

（2）　IOM 憲章とその特徴

　IOM が人権侵害に寄与している——少なくとも積極的に人権保護を行っ
てはいない——という評価には法的裏付けがある。IOM 憲章は移動者の権
利保護を定めていないのである。IOM の憲章上の任務は、大要、以下のと
おりである（IOM 憲章第 1 条 1 項を要約した）。

- （a）移民の組織的な輸送を行うための措置。
- （b）難民、避難民その他移住サービスを必要とする者の組織的な輸
    送への関与。
- （c）移住サービス（例えば、募集、選定、手続、語学訓練、適応の
    ための活動、健康診断、職業のあっせん、受け入れおよび統合
    を容易にするための活動、移住問題に関する助言その他機関の
    目的に合致する援助）の提供。
- （d）自主的な帰国移住（自主的な帰還を含む）のための移住サービ
    ス提供。
- （e）国家および国際機関その他の機関との意見および経験の交換な
    らびに協力および努力の調整を促進するための場の提供。

さらに、IOM の加盟国への従属は、憲章第 1 条 3 項からも明らかである。

　　　機関は、入国許可基準及び入国を許可される者の数が各国の国内管
　　　轄権内にある事項であることを認識するものとし、自己の任務の遂
　　　行に当たっては、関係国の法令及び政策に従う[16]。

　以上のような IOM 憲章の規定は、IOM が、国家の行動を規律する機構としてではなく、国家を支持・支援する、いわば国家の道具として構想されてきたことを含意する[17]。

　それでは、IOM のこうした性格は、編入によっていかに変化した（あるいは、しなかった）のだろうか。次節以降で検討するのは、まさにこの問いである。

（3）　編入に至る過程

　ICEM 時代から国連に加わることへの関心はあったが[18]、編入に直接つながる交渉は、2008 年にスウィング（William Swing）が事務局長になって以来、彼の「強力なリーダーシップ」に基づいて進められ、「IOM が将来国連に加わるという前提のもと、どうやって、どのタイミングで入るかというのを内部で話し合う」形で行われたという[19]。とくに 2014 年以降、いわゆる「移民・難民危機」の中で「IOM・国連関係に関する作業部会」が再開され、検討が進められた[20]。2015 年 11 月に加盟国は IOM 理事会決議 1309 を採択し、スウィング事務局長に対し「国連に正式に接近するよう要請」した[21]。これを踏まえて交渉が進められ、2016 年 7 月に国連総会は、IOM の編入を定めた機関間協定を採択し[22]、翌月、「難民と移民に関するニューヨーク宣言」で、IOM は国連の「関連機関」と位置づけられた[23]。

　編入の背景には、IOM と加盟国の利害の一致がある。IOM は、編入によって自らの立場を固めながらも、一定の自律性を維持する意図を有していた。ガイガー（Martin Geiger）とコッホ（Martin Koch）は次のように述べている。

　　　IOM は、完全に組み込まれた国連機関として直接位置づけられる代わりに、（恐らく従来の強い独立性と自律性の少なくとも実質的な部分を保とうとする試みとして）「関連機関」というラベルと地位を選

択したのである。同時に IOM は大胆な動きを取り始め、UNHCR が自らを「国連難民機関（UN refugee agency）」と呼ぶ以前からの動きに追従して、「国連移住機関（UN migration agency）」と自らを呼び始めた[24]。

　すなわち、IOM は、編入によって自らの正統性を調達しつつ、「関連機関」という立場を選択することによって実質的な自律性を維持しようとしたのである。

　他方、加盟国は、「移民・難民危機」などと呼ばれる 2015 年ごろの状況――北アフリカや中東の政情不安や内戦による多数の移動者の発生と、それに伴う各国（とりわけヨーロッパ諸国）の庇護希望者受入体制の機能不全――を契機に、国連の移民に関する取り組みを見直す必要があると考えていた。これについて、ブラッドリ（Megan Bradley）は次のように指摘している。

　　　多くの国々は IOM をそれらの〔移民や強制移動といった〕問題に関する重要なパートナーと見なしており、かつ、国連の移民へのつぎはぎの取り組みは持続しえないと見ていた。国連システムの中に移民に焦点を当てた機関を育てる機は熟していた一方、ドナー諸国は、新たな機構に出資することや、既存の諸組織を劇的に刷新することは望んでいなかった[25]。

　こうして、国連の枠外で実績を蓄積していた IOM を編入するという選択肢が浮上したのだった[26]。

2　編入の評価をめぐる学説

　学説上、編入の影響に関する評価は統一されていない。規範的には、IOM

が、「独立」の「非規範的」機構に留まっている点を強調する見解と、国連の法や原則（とくに国連憲章）を尊重するよう定められた点を強調する見解が対立している。実践的には、IOM と国連諸機関が編入以前から密接な関係にあったという継続性を強調する見解と、IOM が国連システムの内部に入ったという変化を重視する見解が対立している。

（1） 限定的影響説

　限定的影響説は、編入は既存の IOM・国連関係を確認しただけに過ぎず、IOM に法的に新たな性質を付加したわけではないと主張する。例えば、グッドウィン＝ギル（Guy S. Goodwin-Gil）は次のように認識している。

> 看板や広告はともかく、国際移住機関は、国連機関でもなければ、国連に「入った」わけでも「加わった」わけでもない。それはいまだ〔国連〕システムの外部にあって、2016 年 7 月 25 日の総会決議の採択以来「緊密な関係性」にあるような政府間機構であり続けている[27]。

また、ミチンスキ（Nicholas R. Michinski）とワイス（Thomas G. Weiss）は、編入以前から IOM が国連諸機関と密接な関係にあった事実を強調しつつ、以下のように指摘する。

> IOM は、国連開発グループ（UN Development Group: UNDG）、機関間常設委員会、グローバル移民グループなどのあらゆる国連の調整メカニズムに参加するようになる。〔しかし〕IOM は、UNDG と主要執行理事会（Chief Executives Board）を除き、それらすべてにすでに参加している以上、機関間協定は重大な変化をもたらしつつあるわけではない[28]。

　限定的影響説は、その含意として、IOM の編入は人権保障の改善にはつながらないと考える。ミチンスキとワイスは、IOM の「プロジェクト化」に基づく活動方式を指摘して、「実践上 IOM は、自主的帰還といった問題に関する専門知や経験を十分に持たない加盟国にとっての下請けとなっている」と述べている[29]。また、ペクーは、「国連システムの外部に位置づけられ、IOM は国際人権法にコミットしていない」という見解を採っている[30]。

（2）　重要変更説

　一方で、重要変更説は、編入の重要性を強調する。ブラッドリは、IOM の活動自体は大きく変わっていないという限定的影響説の指摘を認めながらも、次のように主張する。

　　　　ここ数十年、IOM の劇的な成長と重要性の増大が見られた中、従来どおりであることは、見かけより意義のあることである。関連機関になったことによって、IOM は、更なる成長を保てるようになったのである。決定的なのは、2016 年の合意が、予見された IOM の成長が国連システム内部で生じるようになるという意味を持つ点である[31]。

ブラッドリは、具体的には、IOM が国連の「人権を最優先に」イニシアティブ（Human Rights Up Front initiative）に加わり、人権デュー・ディリジェンス政策の実施と監視を支援する義務を有するようになった事実を指摘し、それが、「リビアのような国々での任務に重要な影響を持ちうる」と示唆している[32]。ブラッドリはさらに、IOM 職員へのインタビューによって、「IOM 法務部は、IOM が、関連機関になって以来、国連機関を拘束する全ての共通の法や原則を護持するよう義務付けられるようになったと結論づけている」ことを明らかにしている[33]。

　以上のように、編入をめぐる評価は定まっていない。この状況を踏まえ、

以下では、規範的側面と実践的側面の双方から編入の影響や含意を探る。

3 編入の含意と影響

（1）「非規範的」機構としての IOM

国連と IOM の間で結ばれた機関間協定の、人権保障上の含意は必ずしも明らかでない。一方では、国連が IOM に積極的な移民の人権保障の役割を期待しているように見える規定がある。国連は IOM を、「人の移動、移民保護、再定住および帰還分野におけるものを含む移民・避難民・移民に影響される共同体に関連する現業的活動、ならびに開発計画における移民の主流化の分野での必要不可欠な貢献者と認める」とした（第2条1項）。そのうえで、「国際移住機関は、国際連合憲章の目的と原則に従い、またそれらの目的と原則を追求する国際連合の政策や、国際移民、難民、人権分野における他の関連文書に適切な配慮を払って活動することを約束する」と定められている（第2条5項）。こうした規定からは、IOM が国連憲章上の義務——とくに人権保障に関するそれ——を引き受けたという印象を受ける。他方で、第2条3項では、「国際移住機関理事会決議1309が定めた本質的要素と属性に留意しつつ、本合意が樹立する国際連合との作業上の関係において、国際移住機関が、その憲章に従って、独立し、自律した、非規範的国際機構として機能することを承認する」（強調は筆者による）ともされている。すなわち、IOM が移民保護をできるか否か／しなければならないのか否かが、機関間協定からは必ずしも明らかにならないのである。

ここで鍵となる概念が「非規範的」であろう。この概念は、スウィングが国連との交渉に臨む際に加盟国の立場として提示された。そこでは、「IOM は移民に関するグローバルな主導的機関であり、主にプロジェクト化された予算モデルと分権的組織構造を特徴とする独自の憲章とガヴァナンス体系を備えた、政府間的かつ非規範的機構である」とされているのみで[34]、「非規範的」という概念の意味は明確ではない。

　ある IOM 職員は、「非規範的」という概念は次のような意味を持つと示した。

　　　　IOM としては、簡単に言うと、法的拘束力を持つようなルールとか国際条約とか、そういうものを指導的役割を担って成立させて、それを監視してと、そういうことは IOM の性質上できない、non-normative な性質上やらないしできない、ということは考えます。他方で、ソフト・ローといわれるような、non-binding な、GCM〔Global Compact on Migration, 移民グローバル・コンパクト〕もそうですが、国連での決議はされましたけどあれは努力目標を掲げた国際協力枠組みなので、例えば GCM の履行に関してアドミニストレーター役を担うということにおいては、それはソフト・ローなので IOM にもできるという見解なんです[35]。

別の職員も、IOM が「規範設定機構（a norm-setting organization）」ではない事実を強調する。

　　　　我々が規範設定機構ではないということははっきり言えます。マンデートがありません。マンデートを与える条約も、IOM に加入するときに加盟国を拘束する国際基準を設定する権利もありません。我々は ILO〔国際労働機関〕ではありません。我々は UNHCR ではないのです[36]。

以上のように、「非規範的」という概念は、IOM が法的拘束力を持つ規範の策定やその履行監視を行うことはできないという意味で解されている[37]。
　IOM は「規範設定機構」ではないが、そのことは、同機構が人権を軽視していることを含意しない。上の職員は次のように続けた。

　　　IOM の日々の活動を見るならば、私見では、我々がやっていること
　　　は規範に、人権に基づいているので、IOM を非規範的機構と呼ぶの
　　　は誤っています。国際法とベスト・プラクティスに基づいています。
　　　〔…〕結論としては、我々は規範設定機構ではないにせよ、日々の活
　　　動では規範に基づいています。

実際に IOM は、編入以前から人権の重要性を強調してきた。例えば 2002
年には「移民の人権に関する IOM 政策」を発表し、次のように述べてい
る。

　　　IOM 加盟国は、課題を特定し、かつ、本機構の主目的は「移民の権
　　　利の実効的尊重に向けて作業すること」だと決意している。〔…〕移
　　　民の権利の尊重は、移民の尊厳と福利を確保するという、IOM の魂
　　　と哲学の中心にある目的にとって本質的である[38]。

IOM の視点では、編入の機関間協定は、こうしたコミットメントを「再述」
するものであって、IOM 憲章と国連憲章との間に不整合は生じないとい
う[39]。しかし、ギルド（Elspeth Guild）らは「IOM 憲章と、国際人権法上
の移民の権利の保護との間には深刻な離齬がある」と主張し[40]、IOM の人
権保障上の義務とその履行は、編入後もなお「国連と IOM の双方にとって
未完の課題」であるとしている[41]。

　こうした中で次に検討するべき点は、IOM の人権に関する取り組みの実
践である。

（2）　実例──IOM・EU「協力」とリビアにおける人権保障

　IOM・EU 関係は 1990 年代に遡ることができる。IOM の Web サイトに
よれば、「IOM と EU との関係は、1994 年の『人道援助行動のための枠組協
定合意』と 2011 年の『EU・IOM 枠組合意』で初めて定式化された」[42]。

2012年には「EU・IOM戦略協力枠組」が合意され、「IOM、欧州委員会諸総局〔…〕および欧州対外活動庁との間で、それぞれの政策、立法、作戦上のイニシアティブ、研究やデータ、得た教訓およびベスト・プラクティスについての協力を促進し、定着させること」が図られた[43]。同枠組により、EUとその加盟国はIOMの主要ドナーとなった[44]。

　2015年頃からいわゆる「移民・難民危機」が生じる中で、EUは、IOMを利用したアフリカ諸国との関係強化に乗り出した。2015年11月の「移民に関するヴァレッタ・サミット」では、アフリカ諸国への資金供与によって域外国境管理を強化することの重要性が強調され、北アフリカやアフリカの角、サヘル地域諸国への資金援助の枠組として「アフリカのためのEU緊急信託基金（EU Emergency Trust Fund for Africa: EUTF）」の設置が合意された[45]。同年12月には「移民保護と再定住のためのEU・IOM合同イニシアティブ」が開始され、「EUと国際移住機関は、現地、国内、国際的当事者と協働してパートナー国でプロジェクトを実施し、総予算は1億4000万ユーロに上る」ようになった[46]。

　こうしたEUとIOMの「協力」は、とくにリビアでの移動者の権利侵害につながっているとしばしば批判される。例えば、EUTFを通じてIOMはリビア沿岸警備隊への訓練の提供や設備調達を行うが[47]、それが「引き戻し（pullback）」（移動者の出国を阻止する措置）につながり、人権侵害を生じている。あるNGOによれば、「リビア沿岸警備隊は生存者をリビアに『引き戻し』、そこでかれらは非人道的環境や暴行、恐喝や飢餓、強姦を耐え忍ぶことになる。生存者のうち2名は最終的に『売られ』、電気ショックでの虐待を受けた」[48]。こうした構図を捉えて、あるジャーナリストは次のように報じた。

　　　〔UNHCRとIOMの匿名の職員は〕みな、かれらが難民や移民をヨーロッパ外に留め置くための欧州連合の政策のひどく恐ろしい影響を洗い流すことに積極的に携わっていると言った。ある援助当局者は、

「かれらは収容所で起きている問題をいつも矮小化してしまう」と言った。「かれらはこの状況が続くことを促している……かれらはEUの支払いを受けて、くそったれな仕事をさせられているんだ」、と[49]。

また、IOMによるリビアからの「自主的帰還」プログラムも批判の対象となっている。2019年にヒューマン・ライツ・ウォッチは、次のような事例を報告している。

> ここで警備員は、わたしに、国に帰ると言わなければ〔収容所から〕出られないぞと言いました。もし残っていたなら……考えが変わって出ていくのは時間の問題でした。IOMがやってきて、ナイジェリア人はみんな外に出るように言いました。そして50ユーロあげるよと言ったのです[50]。

以上のように、EU・IOM「協力」は、移動者の人権——とくに生命に対する権利や自由移動の権利、(ノン・ルフールマン原則から導かれる)追放されない権利など——に、負の影響を与えているように見える。

しかし同時に、IOMがリビアにおいて置かれている難しい立場も考量する必要があろう。ジュネーブ事務所職員はリビア当局との困難な関係性を「悪魔との握手」と表現し、そこにある「道徳的ディレンマ」を指摘した。

> ひとつの扉を開け、収容所から出て穏当に帰国し、再統合支援を与えることができる移民がいる一方で、同時に、収容所の逆側では別の扉が開かれ、沿岸警備隊によって新たな移民が収容されるのです。〔…〕もし我々が仕事をやめれば、もはや誰も助けられず、誰もがそこから出る機会を失います。これが現場の現実なのです[51]。

また、リビア事務所職員は、IOM に向けられる批判について、以下のような見解を示した。

　　　IOM は悪い政策を支持しているのだからそれ〔リビアでの活動〕をするべきではないと言うことは簡単ですが、そういったことを言う人々は、流産してしまったがゆえに血を流している女性や、トリポリ港に上陸したばかりの成人に随伴されていない子供に背を向けることの帰結を理解していないのです[52]。

リビアで移動者が人権侵害の危険にさらされており、その危険を生んでいる構造的問題を抜本的に解決することが IOM にとって困難である点は事実である。とはいえ、この事実を以て、同機構が人権を尊重していない／しようとしていないと理解することはやや早計であろう。むしろ、「現場」の職員は——プロジェクトの枠内ではあれ——柔軟な人道支援という形で人権保障の一端を担っており、その観点からすれば、プロジェクト・ベースの活動が人権の観点から問題であるとする先行研究にも再検討の余地がありうる[53]。
　近年の特筆すべき動向として、IOM と UNHCR の共同声明発出が挙げられる。IOM は、UNHCR と合同で、主要ドナーたる EU とその加盟国を批判し、その政策の修正を要求する、いわゆる「国際機構間異議申立」を行っているのである[54]。両機構は、リビアが「安全な第三国」ではないと強調し、リビアへの送還停止を再三要求してきた。こうした声明は、IOM が必ずしもドナー国に従属しているわけではないことを示唆する。例えば、「マルタ欧州理事会会合に関する IOM/UNHCR 共同声明」（2017 年）では、「IOM は、UNHCR と共に、中央地中海ルートでの悲劇的な生命の喪失や、リビアでの移民・難民の嘆かわしい状況に対処するための決定的行動を欧州の指導者が取ることを求める」と表明し、「現在の文脈に鑑みれば、リビアを安全な第三国と考えることも、北アフリカにおいて庇護希望者の域外処理を行うことも適切ではないと確信している」と述べた[55]。さらに、

「UNHCR・IOM 共同声明：リビアの難民移民への国際的アプローチは変わらなければならない」（2019 年）では、「国際共同体は移民と難民の人権の保護をリビアへの関与の中核要素だと考えるべきである」とした上で、「地中海で救助された人々が、安全な寄港地とは見做し得ないリビアへ上陸することを防ぐために、あらゆる努力がなされるべきである」と主張した[56]。近年、こうした主張はより強くなっているように思われ、2021 年 6 月にUNHCR と共同で発表したプレス・リリースは、「IOM と UNHCR はリビアへの移民・難民の送還を非難する（condemn）」と題されている[57]。

　こうした実践が編入の影響と言えるのか否かについて、IOM 内部でも見解は統一されていない。いわゆる現場のレベルには、その影響を小さく見積もる見解が存在する。例えばリビア事務所の職員は、「IOM は〔編入の〕影響を受けていないと思います。IOM は長い間、国連システムのとてもとても近くにいました。現場レベルないし活動レベルで重要な変化につながったとは思いません。国連との既存の関係を定式化したものだということです」とした[58]。他方、ジュネーブ事務所の職員は、次のように述べる。

　　〔UNHCR との共同宣言が〕10 年前には見られなかったような特定の発展だという点では、あなた〔筆者〕は正しいと思います。ここでの新しい要素はおそらく、IOM と UNHCR が共同で行っているということではなく、IOM がそうした声明について UNHCR に加わったということです。〔…〕率直に言えば、彼ら〔UNHCR〕の仕事は好かれることではなく、おかしいことがあるときにそれを指摘することです。IOM のマンデートが、どれだけ強くそうした役割を認めるかを論じることもできるでしょう。おそらくそれはかつてより曖昧ですが、国連システムに加わったことは、確かに、我々の活動をさらに国連憲章に基づかせるよう義務付けました[59]。

この職員はさらに、メディアとの関係で、編入が IOM の存在感を高める可

能性を指摘する。

> メディアが、「IOM の代表があれこれと述べた」と言う場合と、その
> 問題について国連移住機関（UN Migration Agency）が尽力し、注意
> を払っていると言う場合とで、見出しが違ってきます。〔…〕かつて
> は IOM が何であるかを説明するのに 30 分かかっていました。今は 2
> 文字、国連〔UN〕で済みます。これが 2016 年以降のとても重要な
> 発展です[60]。

　かくて、編入の影響についての見解は、実際に現場で活動を行っている職
員の観点と、いわゆる Headquarter で政策立案や対外調整を行う職員の観
点とで異なっている。しかし既述のとおり、IOM が「非規範的」であると
いうことは「反人権的」であることを含意せず、むしろ積極的に移動者の権
利保護を訴えるようになりつつあることに疑いはない。

おわりに

　本稿は、IOM の概要と歴史を概観し、編入をめぐる論争状況を示したう
えで、編入の規範的含意と実践的影響について考察した。本稿は次の 3 点を
明らかにした。第一に、国連との機関間協定（およびそこで引かれている
IOM 理事会決議 1309）における「非規範的」概念の意味を明らかにした。
IOM が「非規範的」であるとは、IOM が、法的拘束力を持つ規範の設定や
その履行確保を行うことができないという意味である。その他の移動者保護
活動は、可能であるのみならず、要請されていると言ってよい。これが、編
入の規範的含意である。
　第二に、編入の実践的影響として、いわば国家の道具とは限らない IOM
の姿を剔出した。IOM は——移動者の人権状況が最も劣悪な地域の一つで
あろうリビアにおいてさえ——加盟国に奉仕する面のみならず、その是正を

図りつつ種々の制約の中で移動者保護を図る面を併せ持つ、アンビバレント
な国際機構なのである。

　第三に、編入に関する IOM 内部の異なる見解を明らかにした。いわゆる
現場のレベルでは、編入は既存の関係を定式化したに過ぎないと認識されて
いる一方、政策立案者のレベルでは、編入が IOM の存在感を高めるという
変化が強調されている。

　本研究には、次の 2 つの課題が残されている。第一に、さらなる実証研究
の蓄積である。IOM の活動や課題は地域ごとに大きく異なっており、制度
も分権化（decentralized）されているとされる。それゆえ、IOM の全体像
を把握し、その人権保障上の含意をより明らかにするためには、本稿で扱っ
た地中海・リビア以外の事例にも着目する必要がある[61]。第二に、IOM 内
部での見解の相違に関するさらなる検討が必要であり、組織社会学などの知
見も援用しつつ、一枚岩のアクターではない IOM の意思決定過程を詳らか
にする必要があろう。

　上記のような課題に加え、IOM に関する情報の入手が容易ではないなど
の困難はあるが、同機構がいまや国連システムの一部をなし、移動者の人権
状況を左右する重要な国際機構となっている以上、IOM 研究の更なる進展
が期されるところである。

＊本研究は、科学研究費基盤研究 B「国際難民保護レジームの課題と挑戦——当事者
性の回復をめぐる理論・実証研究——」（20H01467）の助成を受けた。また、インタ
ビュー調査にご協力いただいた IOM 職員各位に謝意を表する。

注

1　UN Document, A/RES/70/296, 25 July 2016. 本稿ではこの変化を「編入」と
　　呼ぶ。「関連機関」とは、国連機関の決議で設立されたわけではなく、ゆえに相
　　対的に高い独立性や自律性を持つ機関を指す。例えば、「専門機関」である国際

労働機関は経済社会理事会に対する報告義務を負うが、IOM はそのような報告
義務を負わない。Elspeth Guild, Stephanie Grant and Kees Groenendijk, "Unfinished
Business: The IOM and Migrants' Human Rights," in *The International
Organization for Migration: The New 'UN Migration Agency' in Critical
Perspective*, eds. Martin Geiger and Antoine Pécoud（Cham: Springer, 2020）,
pp. 36-37.

2　UN Document, Agreement concerning the Relationship between the United
Nations and the International Organization for Migration, Annex to A/
RES/70/296, 25 July 2016（hereinafter: UN-IOM agreement）.

3　E.g., I. Ashutosh and A. Mountz, "Migration management for the benefit
of whom? Interrogating the work of the International Organization for
Migration," *Citizenship Studies*, vol. 15, no. 1（2011）, pp.21-38; J. Brachet,
"Policing the Desert: The IOM in Libya Beyond War and Peace," *Antipode*, vol.
48, no. 2（2016）, pp. 272-292.

4　インタビューの目的は、文書類の分析からは明らかにならない IOM 職員の認
識を明らかにすることである。「『非規範的』という概念をどう理解しているか」、
「編入が IOM に与えた変化はいかなるものであったか」、「あなたは EU の活動
をどう評価しているか」といった問いを通して対象者に認識の描写を求める、い
わゆる半構造化インタビュー（semi-structured interview）の形で実施した。な
お、職位や職務を明示すると対象者が特定されてしまうおそれがあるため、いず
れの対象者も「職員」と表記する。

5　2001 年までの IOM の通史として、Marianne Ducasse-Rogier, *The International
Organization for Migration, 1951-2001*（Geneva: IOM, 2001）がある。また、IOM
の Web サイトも適宜参照した。IOM, "IOM History," accessed 10 November
2021, https://www.iom.int/iom-history.

6　柄谷利恵子「『移民』と『難民』の境界──作られなかった『移民』レジー
ムの制度的起源──」『広島平和科学』第 26 巻（2004 年）、47-74 頁; J. Elie,
"The Historical Roots of Cooperation between the UN High Commissioner for
Refugees and the International Organization for Migration," *Global Governance:
A Review of Multilateralism and International Organizations*, vol. 16, no. 3（2010）,
pp. 345-360.

7　R. Karatani, "How History Separated Refugee and Migrant Regimes: In

Search of their Institutional Origins," *International Journal of Refugee Law*, vol. 17, issue 3 (2005), p. 540.

8　柄谷、前掲論文、67頁。法的には、「人の自由移動という理念に関心を持つ政府」を加盟国とするという規定（IOM憲章第2条b）が、共産主義国を排除するものと解された。

9　R. Perruchoud, "From the Intergovernmental Committee for European Migration to the International Organization for Migration," *International Journal of Refugee Law*, vol. 1, no. 4 (1989), p. 507.

10　*Ibid.*, pp. 507-508.

11　*Ibid.*, p. 513.

12　*Ibid.*, p. 514.

13　A. Pécoud, "What Do We Know About the International Organization for Migration?," *Journal of Ethnic and Migration Studies*, vol. 44, no. 10 (2018), p. 1629.

14　*Ibid.*

15　Ashutosh and Mountz, *op. cit.*; Brachet, *op. cit.*

16　原文では shall が用いられており、これはIOMの法的義務だと解するのが妥当であろう。

17　See also: J. Klabbers, "Notes on the ideology of international organizations law: The International Organization for Migration, state-making, and the market for migration," *Leiden Journal of International Law*, vol. 32, no. 3 (2019), pp. 383-400.

18　M. Bradley, "Joining the UN Family? Explaining the Evolution of IOM-UN Relations," *Global Governance: A Review of Multilateralism and International Organizations*, vol. 27, no. 2 (2021), esp. pp. 255-256. IOM・国連関係の展開は、同論文および Megan Bradley, *The International Organization for Migration: Challenges, Commitments*, Complexities (Abingdon: Routledge, 2020), esp. chap. 4 を参照のこと。

19　Author's interview with a staff of IOM Tokyo, via Zoom, 23 July 2021 (hereinafter: Interview 1)。編入に至る交渉過程については、Bradley, *op. cit.* ("Joining the UN Family?"), p. 258 *et seq.* も参照のこと。

20　「移民・難民危機」という語り方とその恣意性はしばしば疑問視される。久保

山亮「ヨーロッパの難民受け入れと保護に関する現在的課題——『難民危機』という神話を超えて——」駒井洋監修、人見泰弘編著『難民問題と人権理念の危機——国民国家体制の矛盾——』明石書店、2017年、150-177頁；A. Carastathis, A. Spathopoulou. and M. Tsilimpounidi, "Crisis, What Crisis? Immigrants, Refugees, and Invisible Struggles," *Refuge*, vol. 34, no. 1 (2018), pp. 29-38. 本稿も、「危機」は政治的に構築された語りに過ぎないという立場を取り、「」つきで表記する。

21　IOM Council Resolution No. 1309, C/106/RES/1309, 4 December 2015. この「立場」については第3節で後述する。

22　UN-IOM Agreement, Article 2 (1) and (3).

23　UN Document, A/71/1, para. 49, 3 October 2016.

24　M. Geiger and M. Koch, "World Organization in Migration Politics: The International Organization for Migration," *Journal of International Organizations Studies*, vol. 9, issue 1 (2018), p. 32.

25　Bradley, *op. cit.* ("Joining the UN Family?"), p. 258.

26　編入に至る政治過程の詳細な検討は本稿の射程外である。これについては、加盟国、IOM、国連それぞれの認識を整理したブラッドリの議論を参照されたい。それによれば、米国は当初編入に反対していたが、スウィング事務局長が、編入によってもIOMの効率や費用対効果は損なわれず、むしろ、より実効的に危機下の移民に対応できるようになるという議論を展開し、オバマ政権を説得したという。*Ibid.*, p. 263.

27　Guy S. Goodwin-Gill, "A Brief and Somewhat Sceptical Perspective on the International Organization for Migration" (paper presented at Oxford University's Refugee Studies Centre Workshop, 'IOM: The UN Migration Agency?', Oxford, 2 February 2019), accessed 10 November 2021, https://www.kaldorcentre.unsw.edu.au/publication/brief-and-somewhat-sceptical-perspective-international-organization-migration.

28　Nicholas R. Michinski, and Thomas G. Weiss, "International Organization for Migration and the UN System: A Missed Opportunity," Briefing 42, Future United Nations Development System, 2016, p. 3.

29　*Ibid.*, p. 4.

30　Pécoud, *op. cit.*, p. 1632.

31　Bradley, *op. cit.* ("Joining the UN Family?"), p. 269.

32　*Ibid.*, p. 270.

33　*Ibid.*

34　IOM Council Resolution No. 1309, C/106/RES/1309, para. 2 (a), 4 December 2015.

35　Interview 1 (IOM Tokyo).

36　Author's interview with a staff of IOM Geneva, via Microsoft Teams, 7 September 2021 (Hereinafter: Interview 2).

37　なお、ブラッドリも同様の解釈を示しているが、本稿の意義は、インタビューを通してその解釈の妥当性を示した点にある。Bradley, *op. cit.* ("Joining the UN Family?"), p.268.

38　IOM Information Document, IOM Policy on Human Rights of Migrants, MC/INF/259, para. 12, 13 November 2002.

39　Guild et al., *op. cit.*, p. 47.

40　*Ibid.*

41　*Ibid.*, p. 48.

42　IOM, "IOM and the EU," no date, accessed 16 November 2021, https://eea.iom.int/iom-and-eu.

43　Katharina Eisele, "The External Dimension of the EU's Migration Policy: Towards a Common EU and Rights-Based Approach to Migration?," IS Academy Policy Brief 17, Maastricht Graduate School of Governance, 2013.

44　Julinda Beqiraj, Jean-Pierre Gauci, and Anna Khalfaoui, "United Nations High Commissioner for Refugees (UNHCR) and International Organization for Migration (IOM): EU Engagement in International Migration Policies," in *Research Handbook on the European Union and International Organizations*, eds. Ramses A. Wessel and Jed Odermatt (Cheltenham: Edward Elgar, 2019), pp. 203-221.

45　European Council, "Valletta Summit, 11-12 November 2015, Action Plan", 2015, accessed 17 November 21, https://www.consilium.europa.eu/media/21839/action_plan_en.pdf.

46　European Commission, "EU-IOM Joint Initiative for Migrant Protection and Reintegration: one year on," 2018, accessed 16 November 2021, https://

ec.europa.eu/commission/presscorner/detail/en/MEMO_17_5306.

47 E.g., Bradley, *op. cit.* (*IOM*), p. 86.

48 Global Legal Action Network, "Legal action against Italy over coordination of Libyan Coast Guard pull-backs resulting in migrants," no date, accessed 17 November 2021, https://www.glanlaw.org/single-post/2018/05/08/legal-action-against-italy-over-its-coordination-of-libyan-coast-guard-pull-backs-resulti.

49 Sally Hayden, "The U.N. Is Leaving Migrants to Die in Libya," *Foreign Policy*, 10 October 2019, accessed 24 January 2022, https://foreignpolicy.com/2019/10/10/libya-migrants-un-iom-refugees-die-detention-center-civil-war/.

50 Human Rights Watch, "No Escape from Hell: EU Policies Contribute to Abuse of Migrants in Libya," 2019, accessed 10 August 2020, https://www.hrw.org/sites/default/files/report_pdf/eu0119_web2.pdf.

51 Interview 2 (IOM Geneva).

52 Author's Interview with a staff of IOM Libya, via Microsoft Teams, 28 October 2021 (hereinafter: Interview 3).

53 これは匿名査読者からご示唆いただいた点であり、記して御礼申し上げる。

54 「国際機構間異議申立」概念については、大道寺隆也『国際機構間関係論——欧州人権保障の制度力学——』信山社、2020 年。

55 IOM, "IOM/UNHCR Joint Statement on European Council Meeting in Malta," 2017, accessed 17 November 2017, https://www.iom.int/news/iom/unhcr-joint-statement-european-council-meeting-malta.

56 UNHCR, "UNHCR and IOM joint statement: International approach to refugees and migrants in Libya must change," 2019, accessed 17 November 2021, https://www.unhcr.org/news/press/2019/7/5d2765d04/unhcr-iom-joint-statement-international-approach-refugees-migrants-libya.html.

57 UNHCR, "IOM and UNHCR condemn the return of migrants and refugees to Libya," 2021, accessed 17 November 2021, https://www.unhcr.org/news/press/2021/6/60ca1d414/iom-unhcr-condemn-return-migrants-refugees-libya.html.

58 Interview 3 (IOM Libya).

59 Interview 2 (IOM Geneva). 強調は筆者による。

60 *Ibid.*

61　オーストラリアが IOM に出入国管理を「外注」している例などが知られてい
　　る。A. L. Hirsch and C. Doig, "Outsourcing control: the International Organization
　　for Migration in Indonesia," *The International Journal of Human Rights*, vol. 22,
　　no. 5 (2018), pp. 681-708.

III

政策レビュー

5 国連と地域機構の安全保障パートナーシップのリアリティ・チェック：

スーダンの事例

中谷 純江

はじめに

　国際平和活動における国連と地域機構の関係に注目が集まってから久しい。地域的紛争の解決をアフリカ連合（African Union: AU）や政府間開発機構（Inter-governmental Authority on Development: IGAD）等にゆだねる傾向は予防外交を重視するグテーレス（António Manuel de Oliveira Guterres）現事務総長の下で顕著となっている[1]。先行研究でも国連憲章に基づく相補性・補完性の法的分析や地域機構平和活動の能力支援が問われてきた[2]。本稿では筆者の10年以上におよぶ国連平和活動局での経験と内外研究を元に、パートナーシップの領域を平和維持活動（Peacekeeping Operations: PKO）から交渉調停と実施支援に至る和平プロセス全体に広げ、地域機構の果たす政治的役割も考慮に入れた。第一章でまず停戦支援を通じた国連と地域機構の協力関係を検証する。停戦は治安回復の第一歩であり、また和平合意実施の起点の役割を果たすため、有効な停戦支援があるか否かは平和活動の展開に大きく影響する[3]。またPKOが1990年代以降の拡大期と地域機構とのパートナーシップの発展から現在の縮小方向という軌跡を辿る中、その原点たる停戦活動を再検証する意義もある。国連の停戦活動はその長い歴史に反し資料文献が少なく、停戦を通じて国連と地域機構の関

係を評価した研究は例がない[4]。第2章ではスーダンを例に国連と地域機構の相互関係を更に掘り下げる。スーダンではダルフールで初のAU国連ハイブリッドPKO（AU-UN Hybrid Mission in Darfur: UNAMID）が展開し、南北スーダンでAUやIGADが調停を続け、またバシール（Omar al-Bashir）大統領の長期政権が2019年に崩壊した際にもAU、IGAD、エチオピアなどが政権移譲仲介を果たした。一つの国に様々なケースが凝縮されているが、その繋がりは分析されていない。本稿では非公開の内部資料や筆者の経験を参考とした。本稿を通じて浮き彫りにされるのは、AU内部軋轢と属人的な政策運営などパートナーシップ理念や組織理論のみでは把握の難しい現状である。

1　和平プロセスにおける国連と地域機構の歴史

　地域機構がPKOを始動し、また国連と並行して対テロや反政府軍鎮圧にあたるケースが増えた。このパートナーシップ平和活動のパターンとしてハイブリッド型、時系列型、機能分化型があると指摘されている[5]。ハイブリッド型は現在までUNAMIDのみだが、時系列型にはAUや西アフリカ諸国経済共同体（Economic Community of West African States: ECOWAS）の軍事監視団（ECOWAS Monitoring Group: ECOMOG）がPKOを派遣し国連に引き継いだ例、機能分化型として国連PKO別働部隊としてアフリカ諸国からの軍事介入旅団が派遣されているコンゴ民主共和国、国連PKOと別枠でIGADが停戦監視を行った南スーダン、またAUや北大西洋条約機構（The North Atlantic Treaty Organization: NATO）が軍事的展開をしてきたソマリア、ボスニア、アフガニスタンの例がある。またマリではアフリカ主導ミッションから国連PKOへ移行した後に近隣諸国が対テロ活動を始めるなど時系列・機能分化型の併用もある。この根底にあるのは国連と地域機構が比較優位分野で相補する重層性だが、その弊害もある。ルワンダでは和平合意を調停したアフリカ統一機構（AU前身）と追って設立された国

連ミッションとの連携欠如が 1994 年のジェノサイドに繋がり[6]、南スーダンでは PKO と IGAD 停戦監視団の別行動によって合意実施と文民保護の関連性が薄くなった[7]。

　和平プロセス全体から見ると、地域機構が調停も行った場合に時系列型やハイブリッド型パートナーシップに至ったのは必然と言える。しかしECOWAS やアルジェリアによるマリ調停、IGAD によるソマリアや南スーダン調停、米国や欧州のアフガニスタンやボスニア調停などに見られるように、機能分化型事例でも地域機構やその加盟国が仲介的役割を担ってきた。つまりパートナーシップ平和活動の要は PKO 負担分担というよりは地域機構を通じた域内の政治・安全保障戦略の具現化と言えるだろう。次にパートナーシップ平和活動のケースで国連と地域機構がいかに調停と実施を担ってきたか、停戦支援を切り口に確認する。

（1）　PKO 黎明期の停戦支援におけるパートナーシップ

　紛争解決における国連と地域機構との協力は「従来型 PKO」に遡る[8]。1948 年の中東戦争を端にした国連休戦監視機構や 1949 年に設立された国連インドパキスタン軍事監視団に始まり、非武装要員が国家間の停戦・緩衝地帯監視等にあたる限定的軍事措置である。この背景から停戦監視は国連専門の印象があるが、地域機構も停戦支援に携わってきた。1965 年には米州機構（Organization of American States: OAS）がドミニカ共和国に停戦監視要員 1,700 人を派遣し停戦合意を調停し、同時期にドミニカ共和国事務総長代表使節団も設立されたがわずか数名の構成で OAS との協力範囲も限られ、翌年の撤退まで主に人権状況を報告するに留まった[9]。冷戦後のグルジアではロシア派反乱軍と政府側の停戦を支援するため 1993 年に 88 名要員の国連グルジア監視団が設立されたが、ロシアの軍事介入・和平交渉開始に続き 1994 年に独立国家共同体（Commonwealth of Independent States: CIS）の 3,000 名が地域的 PKO として派遣されると、現場レベルで停戦違反協議の仲介を行うのみとなった[10]。それも 2008 年に CIS 撤退に伴い打切りとな

り紛争は凍結されたままだ。パートナーシップ平和活動は冷戦後複合型
PKO の拡大と共に発展したと考えられているが、地域機構が停戦支援のた
め国連に先行・並行して携わったケースは従来型 PKO に始まる。この際の
国連の役割は「地域機構による停戦監視を監視」と言えるだろう。

（2）　PKO 拡大期の停戦支援におけるパートナーシップ

　冷戦後増加した国内紛争解決のため国連が選挙支援、難民帰還、武装解除
など多岐に渡って和平合意実施を支援する「複合型」PKO が誕生した。カ
ンボジア、エルサルバドル、モザンビークなど大型 PKO の興隆期である。
しかし PKO が平和執行へと拡大し旧ユーゴスラビア国連保護軍、ルワンダ
国連ルワンダ支援団、ソマリア第 2 次国連ソマリア活動などの軍事介入が失
敗するにつれ平和活動の再評価が行われ、平和構築への移行も念頭に入れ国
連カントリー・チームとの統合を強化した新たな複合型 PKO が登場した。

　複合型 PKO に関するパートナーシップには時系列型が多い。そして地域
的 PKO が展開する中、初期の国連ミッションは小規模監視団に過ぎなかっ
た。1989 年のリベリア内戦勃発の際は ECOWAS が調停を開始すると共に
ECOMOG 要員 4,000 名を派遣し、1993 年 7 月に平合意が締結すると 4,000
名増員を行った。一方 ECOMOG 支援として同年 9 月に 303 名の軍事監視
員で設立された国連リベリア監視団は派遣に 6 か月を要し、その間に紛争が
再発し首都のみの縮小展開となった。ECOMOG は 2003 年 8 月に和平合意
が再度結ばれると 3,500 名体制で停戦監視を始動し、同 9 月に 15,000 人の軍
事要員を含む国連リベリミッション（UN Mission in Liberia: UNMIL）と交
代し UNMIL は 15 年後に撤退した。ECOMOG はまた 1991 年に内戦の始
まったシエラレオネでも 1997 年 10 月に 13,000 名体制で展開したが、一方
で翌年 7 月に 70 人の軍事監視員で設立された国連シエラレオネ監視団は武
装解除や人権問題の助言をするに留まり、反乱が再発すると撤退を余儀なく
された。1999 年 7 月に米の調停で和平合意が成立し 6,000 名の軍事部門か
ら成る国連シエラレオネネ・ミッション（UN Assistance Mission in Sierra

Leone: UNAMSIL）が成立したが、ECOMOG 撤退と同時に反乱軍の攻撃に合いイギリス軍に救助され、その後軍事部門 17,500 名まで拡張し 2007 年に平和構築ミッションへと移行した [11]。コートジボアールでも 2002 年 9 月のクーデター後 1,500 名の ECOMOG 軍事要員が派遣され、追って 6,240 名の軍事部門を含む国連コートジボワール活動（United Nations Operation in Côte d'Ivoire: UNOCI）が展開したが、戦闘が続いたため、南アフリカが新たに国連監視下の選挙を行う合意を締結させた。ONUCI の主眼は武装解除から選挙支援と転化したが、国連の選挙案が反対にあい、ECOWAS とブルキナファソの調停で新たな合意が 2007 年 3 月に結ばれ、国連が保証役を務めた選挙が行われたのは 3 年後の 2010 年 3 月だった [12]。結果少数派となった旧政府側が UNOCI を攻撃し、停戦監視を担ったのは ECOMOG とフランスで、UNOCI は主に武装解除支援を行い 2017 年 6 月に撤退した。

　これらの複合型 PKO の場合でも、従来型 PKO 期のパートナーシップと同じく停戦支援など合意実施の初動態勢において国連は地域機構に追随するのみだった。国連が地域機構の機動性に依存したという点で国連憲章の描いた平和安全保障システム重層性が機能したと言えるが、一方で国連ミッションが当初から設立されていたにもかかわらず展開の遅れや複合型 PKO 移行の際の安全確保の失敗など、地域機構に依存したからこその脆弱性も見られる。

（3）　現在の停戦支援におけるパートナーシップ

　平和執行は影を潜めたが、反政府軍鎮圧など特定のマンデート遂行のために自衛を超える軍事力行使が認められている PKO は現在も進行している。ただしこれらの「憲章第七章」PKO もホスト国を含む主要紛争当事者の同意を必要とし、基本的には和平合意をベースに展開している。そうして合意実施を支援する PKO 活動と兵力を必要とするマンデートが分類化・具体化されるにつれて国連と地域機構のパートナーシップも多様化してきた。

　南スーダンでは独立にあたり新国家支援のため 2011 年 7 月に軍事要員

7,000 人を含む国連南スーダン・ミッション（UN Mission in South Sudan:
UNMISS）が設立されたが、2013 年 12 月に与党内の亀裂から戦闘が始まり
避難民が UNMISS に殺到するにあたり、12,500 名の定員拡大と共に文民保
護に徹することとなった。南スーダンの和平調停は IGAD が担当し停戦合
意が 2014 年 1 月に結ばれると IGAD からの監視団と監視員保護のため近隣
諸国からの特別部隊が UNMISS の中に設けられた [13]。しかし監視員が紛争
当事者によって拘束され停戦活動が頓挫し、2015 年 8 月に新たな和平合意
が結ばれ IGAD の下に設立された合同監視評価委員会に停戦監視・武装解
除支援が託された。UNMISS にもジュバの安全を図るため近隣諸国の軍事
員 4,000 名から成る地域防護部隊が追加されることとなったが、これらの諸
機関の関係は脆弱で [14]、南スーダンは更に 2016 年 7 月のジュバ騒動も含め
更なる内紛を経験することとなる。追って南スーダンの調停役を担ったのは
やはり国連ではなくスーダンだった。

　マリでは 2012 年 1 月に過激派組織を含む反乱軍が北部を制圧、同年 3 月
クーデターが勃発すると ECOWAS と AU が 3,300 名の要員の International
Support Mission in Mali（AMISM）設立を提案した。反乱軍の首都侵攻に
瀕したマリ政府もフランス軍介入と AFISMA 緊急展開・国連 PKO への移
行を要請し、2013 年 4 月に国連マリ多元統合安定化ミッション（UN
Multidimensional Integrated Stabilization Mission in Mali: MINUSMA）が設
立され AFISMA と交代した。ECOWAS やアルジェリアの調停で 2013 年 6
月から 2015 年 2 月に何度か暫定停戦合意が結ばれ MINUSMA の任務にも
停戦監視や武装解除支援が盛り込まれたが、当時 1,1240 名の MINUSMA 軍
事要員のうち監視要員は 40 名しかおらず追加で 40 人の監視員が到着したの
は 2016 年 3 月だった [15]。MINUSMA 軍事部門の主眼は自衛にあり
MINUSMA の停戦活動は和平交渉の安全部会を補佐するのみで、結局停戦
合意は守られず戦闘がマリ中央部まで拡大する中、MINUSMA は過激派組
織や反政府軍の勢力挽回に対する独自の方策を示せなかった [16]。代わって鎮
圧活動に携わったのが 2014 年 8 月に発足したフランス主導のサヘル地域 5

か国（ブルキナファソ、チャド、マリ、モーリタニア、ニジェール）10,000
要員から成る Group of 5（G5）Sahel である。

　冷戦後の紛争解決の枠組みは国連による調停・合意実施支援・文民保護だ
と言われてきた[17]。しかし複合型 PKO の成功例と言われるようになった西
アフリカの大型ミッションや第七章 PKO でも、停戦という和平合意実施の
第一段階で国連が地域機構に依存・追随してきた面が大きい。他にも地域機
構が独自に停戦監視を行ってきた例もある。欧州安全保障協力機構によるア
ゼルバイジャン共和国ナゴルノ・カラバフ自治州や南オセチアでの活動や欧
州連合のグルジア停戦監視団[18]、またインドネシア政府とアチェ独立運動を
スイスやフィンランドの調停団体が仲介し欧州連合、ノルウェー、スイス、
東南アジア諸国連合加盟国からの監視団などである[19]。

　第一章では停戦支援という視点から地域機構が国連に率先して和平合意調
停・治安回復に努めてきた事実を浮き彫りにした。その兆候は PKO 黎明期
に始まり、冷戦直後の PKO 興隆期を除いては、近年の大規模複合型 PKO
にも見られる。では地域主導の交渉プロセス、地域 PKO から国連 PKO へ
の移行、そしてパートナーシップ運営は実際どう束ねられているのか。次節
でスーダンの事例を通じ地域機構と国連の関係の実態を掘り下げる。

2　スーダンにおける国連と地域機構の関係

　スーダンではダルフール、南北スーダン国境地域、そしてスーダン政権移
譲など様々な局面において地域機構が国連に先立つ形で主要な役割を負って
きた。時系列的に追ってみよう。

（1）　AMIS と UNAMID

　UNAMID の前身は AU とチャドの調停で 2004 年 3 月にスーダン政府と
反乱軍一部で結ばれた停戦合意に基づく AU 監視団だった。しかし戦闘は
続き AU はルワンダ軍 150 名を監視員擁護に派遣し AU スーダン・ミッ

ション（AU Mission in Sudan: AMIS）として拡大を図った。AMIS は国連・欧州連合・ドナーの援助を受けつつ 2005 年には 7,000 名体制となったが、一方で 2005 年に締結された南北スーダン包括的和平合意にダルフールは含まれず、10,000 名定員で設立された国連スーダン・ミッション（United Nations Mission in Sudan: UNMIS）に AMIS を吸収させる案もスーダン政府の反対で頓挫した。AMIS の運営資金が枯渇し始め 2007 年 9 月に反政府軍の攻撃に合うにあたり、妥協案となったのが UNAMID である。2007 年 7 月の設立時には軍事警察部門合わせて定員 26,000 名の最大規模の PKO であった[20]。AMIS から UNAMID への移行は PKO 局（2019 年 1 月より平和活動局に改名）と AU 安全保障局の間の取決め文書交換で決済する予定だったが、後者の人事権について合意が得られず結局書面締結は見送られた[21]。UNAMID 展開がキャンプ設営・物資輸送の遅れなどから実質 3 年かかった間 AU は傍観に徹したが、2008 年 7 月に国際刑事裁判所（International Criminal Court: ICC）検察官が当時のバシール大統領に逮捕状を請求すると、2009 年 2 月の総会で大統領訴追はダルフール和平交渉を乱す可能性があるとして ICC 審議を延期するよう申請した。2009 年 3 月に ICC が虐殺を含む人道に対する犯罪と戦争犯罪の容疑でバシール大統領に逮捕状を発布すると同年 7 月の AU 総会で ICC 協力を拒否する決議が採択された。AU との足並みの乱れを懸念した安保理は AU 安全保障理事会が先に UNAMID 更新を採択することにした。

（2）　ダルフール和平交渉

　ダルフール和平交渉はまず AU 委員会議長と国連事務総長それぞれの特使が共同で行ったが、進展なく両名が 2008 年に辞職したのを機に合同特使としてブルキナファソ元外相バソレ（Djibril Bassole）を任命した。バソレの主導で 2009 年 2 月にカタールで交渉が始まったが、同時期に ICC がバシール大統領を訴追したため、AU 平和安全保障理事会はムベキ（Thabo Mbeki）元南ア大統領を議長とした AU ダルフール・ハイレベル・パネルを

設立し、地域主導でスーダン国内問題を解決することによってスーダンを国際的孤立から救済しようとしたが、結果2つの和平交渉が同時進行する状態となった[22]。ハイレベル・パネルは2009年10月にAU安全保障理事会に報告書を提出し、アフリカ主導の裁判所や真実和解委員会の設置などを提案した。この報告書提出と同時にAU平和安全保障理事会はハイレベル・パネルをAUハイレベル履行パネル（以下、履行パネル）と改名し、提言の実現と南北スーダン間の未解決事項（国境アビエ地区の扱いや境界線査定など）の調停を履行パネルに要請した。一方カタールではバソレ氏の仲介で2011年7月にスーダン政府と反乱軍一部の間でDoha Document for Peace in Darfur（DDPD）が採択された。反乱軍の多数は政府とのDDPD調印を拒否し、バソレがブルキナファソ外相に再任した後はUNAMIDの共同特別代表が合同特使を兼任した。スーダン政府がダルフール自治機構設置や避難民の帰還などを強行したが、現地では長引く紛争により民族間紛争も激化した。

（3）　履行パネルとスーダン

　履行パネルは他の紛争解決にも携わった。南スーダン独立を占う2011年1月の住民投票を前にムベキ氏は南北間未解決事項の交渉調停にあたったが、AU未加盟の南スーダンは国連による支援を希望し2010年7月には南北双方が住民投票監視を国連に依頼した。国連事務局では選挙支援を行う場合は認定など第三者的役割を並行することは回避すべきとの内部規律があり、代替案として暫時独立パネルが設立されることになった。元タンザニア大統領のムカパ（Benjamin Mkapa）を議長としたパネルが国連事務総長より任命され国連スタッフが現地に短期派遣された。ムベキはアビエ地区の住民投票も模索したが国境境界線の画定や居住権が未解決のため断念した。

　アビエでは2011年6月に履行パネル仲介で暫定自治措置に関する合意が結ばれ、地区行政府・警察の設立、武装勢力の撤退、国連による治安部隊派遣などが南北間で定められたが、スーダン政府が多国籍PKOを却下したた

め国連アビエ暫定治安部隊（UN Interim Security Force for Abyei: UNISFA）貢献国はエチオピアのみとなった。翌年4月に国境油田地帯をめぐる軍事衝突が起こりAU平和安全保障理事会は共同国境検証・監視ミッション（Joint Border Verification and Monitoring Mission: JBVMM）と非武装国境地帯設立等から成る緊張緩和策を採択し、5月には安全保障理事会もJBMVVを含む国境付近治安措置を決定した。履行パネルの仲介で2013年3月にUNISFA傘下にJBVMMを設立することも決まり、南北間での石油採掘・輸送も再開した[23]。しかし5月に遊牧民武装勢力によって多数派族長とUNISFA要員が襲撃され死亡する事件が起こると政情が緊迫した。履行パネルはIGAD議長を兼任するエチオピア首相の承認を受け南北スーダンサミットを開催したが進展が見られず、履行パネルも状況を打開できずAU委員会議長とIGAD議長の権限で暫定調査機関を設立することを提案した。南北スーダンはこれを受け入れ、また履行パネルの提案でAU委員会の下で非武装国境地帯査定を行う技術チームが設立されが、2013年12月の南スーダン内乱の勃発で南北間の調整は事実上停止した。

　その後履行パネルはスーダン国内紛争解決に焦点を切替え、2014年1月にバシール大統領が発表した国民対話の開催を支援したが、スーダンの野党・反乱軍の大多数に拒否された。打開策として履行パネルは国民対話の包括化、ダルフールおよび国境地帯での停戦交渉再開、人道支援確保などのロード・マップを2016年3月に提案した[24]。8月には反乱軍もこの案に署名したが政府側が反政府組織抜きで国民対話を強行したためロード・マップは頓挫した。国民対話は与党以外の政党・反政府組織にボイコットされながらも2016年10月に終了し、その後憲法改正などが実行された。

　この期間のAUと国連の役割を要約すると（1）履行パネルがダルフールおよび国境地域紛争を調停およびIGAD議長国エチオピアと南北スーダン未解決案件を調停、（2）UNAMIDがダルフール内紛争の対処、（3）エチオピアがアビエ地区の安全保障という分担あるいは分断だった。国内対話などスーダン内政全体について3者が包括的に取り組む機会はなかった。そして

スーダンの経済状況が悪化し首都近辺でデモが増加するにあたり交渉も延期され、2019年4月のバシール政権崩壊を迎えることとなる。

（4）　平和構築

　国民対話の裏でダルフールの軍事的鎮圧が本格化した。政府によって武装化されたアラブ系民兵が2013年より迅速支援部隊（Rapid Support Forces: RSF）として反乱拠点地域に配属され、それに伴い地域間紛争も激化した。安保理の要請で2014年2月に提出されたAU委員会委員長および事務総長共同特別報告書（以下、共同特別報告書）はUNAMID当初の目的だったダルフール和平合意の実施を修正し、反乱軍との調整と地域間紛争解決に専念する方針を示した。またUNAMIDと在スーダン国連諸機関（いわゆる国連カントリー・チーム）の連携の弱さを是正し平和構築を強調する必要性も指摘した。4月の決議文でAU安全保障理事会と安保理がこの提言を支持したのはUNAMIDの終息を想定し共同準備に言及したという点において画期的であった。

　軍事鎮圧は2017年頃までに完結し反乱軍の多数が国内から撤退し隣国リビアで傭兵となった。政府勝利による戦闘終了に伴い同年5月に再度UNAMIDの戦略評価が行われ、2度目の共同特別報告書ではUNAMIDの任務を平和構築と平和維持に分け、全36拠点のうち平和構築地域に位置する11拠点の閉鎖と7拠点からの軍事要員撤退が勧告された。同年7月安保理はUNAMID要員の上限を削減し、次の2018年1月の共同特別報告書に基づいて同年6月までに更なる上限削減を行うことを決定した。2018年6月の共同特別報告書では2020年のUNAMID撤退を視野に入れ平和醸成への移行を促す勧告が出された。

　これら共同特別報告書の作成は平和活動局がAUと連携しつつ関連国連専門機関が参加する統合タスク・フォースと調整しながら行われた。AU側の実質担当者はシェルギ（Smail Chergui）安全保障担当委員率いる安全保障部会数名で、実務レベルで合意された共同方針はスーダン政府・AU・国

図 1　AU 内部組織図

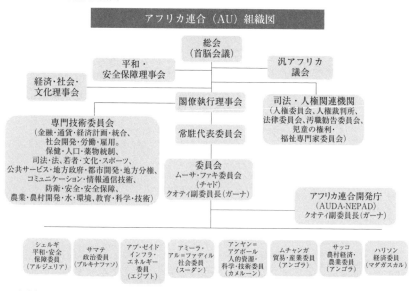

アフリカ連合（AU）組織図

出典）外務省「AU 組織」（https://www.mofa.go.jp/mofaj/area/oau/soshikizu.html,
2020 年 9 月）。

連の局長レベル三角会談で協議され、報告書の最終案は国連内部では平和局
事務次長から事務総長の了承を得て安保理に提出される。一方 AU 側では
共同報告書の裁決は安全保障担当委員が行い、AU 委員会議長まで草案が上
げられることはない（AU 内部組織図は図 1 を参照）。共同特別代表の任命
などに関してのみ事務総長と AU 委員会議長の間で調整が行われる。

（5）　バシール政権崩壊

　UNAMID の撤退準備が始まる一方でスーダン国内の経済状態が悪化しデ
モが首都や中都市で多発し始めた。南スーダン独立後の原油輸出・外貨の激
減、1997 年以降の米国による経済制裁などの影響でスーダンの財政危機は
深刻化し、汚職の蔓延などで政府が有効な手段を打てずにいたため、デモ隊
や野党は 2019 年 1 月より「自由と変革勢力（Forces of Freedom and

Change: FFC)」という名称で政権打倒を訴え始め座込みデモを行った。

　事務総長の開催する執行委員会は同年 2 月 21 日の定例会合でスーダンの案件を議事外で取り上げたが、決定されたのは同年 1 月にソマリアから国外追放されていた元国連ソマリア支援ミッション事務総長特別代表ヘイソム（Nicholas Haysom、現国連南スーダン事務総長特別代表）氏による国連内部調整、AU や IGAD などのパートナーとの連携、そして UNAMID 撤退準備の続行のみだった。ヘイソムは 2016 年から 2018 年にかけて国連南北スーダン特使としてアジスアベバに駐在しており、事務総長はヘイソムを軸にした国連の調停をバシール大統領に打診したが、スーダン政府は回答を保留しヘイソムへのビザ発給も行わなかった。また履行パネルによる調停は民主勢力側がムベキをバシール政権寄りとみなしていたために発展しなかった[25]。

　スーダン政府とデモ隊の緊張関係は 4 月 11 日に軍が無血クーデターによって暫定軍事評議会を打ち立てることで新たな局面を迎えた。クーデター即日 AU 平和安全保障委員会は暫定軍事評議会に対して 15 日以内に文民政権への移行を行わなければ経済制裁も辞さないという決議文を採択した。しかし当時 AU 議長を兼ねていたエジプトのエルシーシ（Abdel Fattah Al-Sisi）大統領は暫定軍事評議会による政局安定化に理解を示し、4 月 23 日に AU 総会を招集し文民政権への移行期限を 2 週間から 3 か月へ延長する提言をし、AU 平和安全保障理事会は妥協案として 60 日間の猶予を与えた。一方で暫定軍事評議会側はサウジ主導のイエメン反乱鎮圧にスーダン軍・RSF 派遣を続ける見返りとして、サウジアラビアとアラブ首長国連邦から 3 億ドルの財政支援と軍事物資供給を受けた。それぞれの外的支援を背景に暫定軍事評議会と FFC の交渉が難航する中、6 月 3 日には座込みを続ける民主勢力へ軍が発砲する事態が起こり、その 3 日後に AU 平和安全保障理事会はスーダンを AU の会合から除名することを決定した。その翌日には IGAD 議長国エチオピアのアリ（Abiy Ahmed Ali）首相がスーダンを訪問し、自らの特使を任命、また 2 週間後に開かれた IGAD 閣僚会議でも AU と連携しながらスーダン調停を行う方針が定められた[26]。AU 委員会ファキ

（Moussa Faki Mahamat）議長もルバット（Mohamed El Hacen Lebatt）を
AU特使として任命しており、エチオピア首相特使とルバットの2名による
スーダン仲介が始まった。一方国連側は事務総長指示でAU主導のサポー
ト的役割に留まる方針を貫いた。ヘイソムは5月6日にビザを取得しハル
ツーム入りしていたが、暫定軍事評議会はルバットが同席した初回面談で国
連の関与はAUとの連携でのみ受け入れると述べた[27]。

　2か月に渡るエチオピア首相特使とAU特使による仲介の結果、8月17
日に暫定軍事評議会とFFCの間で憲法に関する合意が成立し、移行期間を
3年とすること、その間の政策運営は双方選出の合計11人の主権評議会で
行うこと、選挙を行うことなどが定められた。首相に経済学者で国連出身の
ハムドク（Abdalla Hamdok）、評議会議長にブルハン（Abdel Fattah al-
Burhan）陸軍中将が就任した。また合意には6ヶ月以内の国内紛争解決も
盛り込まれ、AU委員会はDDPDに替わる和平プロセスの必要性をAU安
全保障理事会で採択しようとしたが、スーダン新政権下でAUと影響力を
争うサウジアラビア・アラブ首長国連邦は代替案としてリヤドやアブダビで
の仲介を模索し、最終的に南スーダンによる仲介で9月に和平交渉が始まっ
た[28]。

　一方でUNAMIDの撤退は予定通り2020年6月までに撤退完了する方針
が2019年5月の共同特別報告書で提示された。政権不安定を懸念するAU
平和安全保障理事会はPKO要員を不安定地域に集結させつつも存続自体は
1年間延長することを決定、安保理も撤退決断を4カ月間保留とした。10月
に提出された共同特別報告書では2020年6月の撤退の準備を進めるとした
上で、暫定的にUNAMIDの定員を維持し南スーダンでの和平交渉を支援す
ることを提言した。この勧告に基づきAU平和安全保障理事会と安保理も
UNAMID延長を決定したうえで、2020年1月までにUNAMID撤退とその
後について再度共同特別報告書を提出するよう要請した。

　この共同特別報告書作成のため平和活動局とAU安全保障部会は通常通
り合同チームを2019年12月に発足させたが、国連内部では並行してヘイソ

ムによる後任ミッション企画のタスク・フォースが設けられた。ヘイソムと政務平和醸成局はAUの政治的役割を認めつつもハイブリッドは望まないとの見解を示し、ハムドック首相も2020年1月・2月にカントリー・チームと統合した特別政治ミッションを要請したがAUの役割については曖昧だった[29]。AUの方針も不透明でシェルギ安全保障委員は政務平和醸成局・平和活動局事務次長、ヘイソムとの2度に渡る会合の後やっと2月末に後任ミッションもハイブリッドとするよう要求した。国連はAUハイブリッドではカントリー・チームとの統合が困難としてこの提案を退け、代替案として後任ミッション組織図などの詰めをAUも交えて行うと提案した。コロナ危機が拡大する中、政務平和醸成局の主導でオンラインのミッション企画が始まり、25を超える国連機関が参加するもシェルギ委員下の数名との会合は別途に設けられた。こうした間接的な関与のためかAUの役割は明確にされないまま同年6月に国連スーダン統合暫定支援ミッション（United Nations Integrated Transition Assistance Mission in Sudan: UNITAMS）が誕生し、またUNAMIDは同年12月まで定員延長され撤退について最終共同報告書特別が求められた。UNITAMSの紛争地域の展開不足を懸念した平和活動局とAU安全保障局の事務レベルチームは地域機構主導の停戦監視団案も模索したが、スーダン政府は国連の展開はUNITAMSのみという姿勢を崩さず、UNAMIDは翌年6月30日に撤収した。

おわりに

　国際安全保障は国連・地域機構・同盟国など多様なアクターが時限的に相関する多重構造から成る。本稿からも和平合意の調停と実施において国連が地域機構の初動機能に支えられてきた過程が窺える。大型PKOが展開するようになったケースでも内戦の勃発・激化に際する国連の緊急展開は要員安全の懸念などから限られる場合が多く、その脆弱性を地域機構が補ってきた。スーダンでは当時は最大規模のPKOがAUとのハイブリッドとしての

み展開可能であったこと、また政権崩壊や南北スーダン緊張に際して国連は
AU や IGAD の後塵を拝するのみだったことを考えると、地域機構が国連展
開の仲介を行ったともいえよう。いみじくも 2021 年 10 月クーデターによる
スーダン暫定政府の崩壊は、政権移譲の調停を務めた AU から独立する形
で企画された国連特別政治ミッション UNITAMS の政治的影響力の限界を
露呈したとも言える。

　この実情は国連憲章で定められた地域的平和解決の補完性と合致している
が、一方で地域性はその領域内での勢力図を反映することを忘れてはならな
い。地域機構の内部抗争や人的要素も地域的解決の行方を占う重要な要素で
ある。ヘイソムは「スーダンでの AU には少なくとも 3 つの顔がある。AU
委員会、AU 安全保障委員会と安全保障委員、そして履行パネルだ。」と語っ
たが [30]、政権崩壊の際にはエジプトも加わり、また湾岸地域の亀裂も反映さ
れた。地域性とは組織人事や指導者の傾向という人的要素から近隣諸国の力
関係また各国の内政問題といった国家戦略の絡み合いが政策を左右するミク
ロとマクロの政治プロセスの結晶である。これは組織改革やスタッフの能力
向上といった手段では早急に解決できない課題である。

　よって今後も組織化された国連ミッションと単発的な地域機構介入の不完
全かつ未統制な共存あるいは競争が続くだろう。AU との調整の煩雑さから
ハイブリッド倦厭感が UNAMID 設立直後は事務局内で浸透していたが、中
央アフリカやマリなどで地域的ミッションから PKO の引継ぎが続く中、ダ
ルフールのケースは「特異」ではなくアフリカ部隊派遣国との提携などの教
訓を引き出す「先達」となっている。スーダンではダルフール以外にも国内
紛争の解決交渉が続く中、複数の AU 機関と国連ミッションの過密状況が
生まれ、その対策として政治調停は AU と IGAD、合意実施を国連が請け負
うという住み分けが出来上がった。しかし実際にはダルフール、アビエを含
む国境地帯、また南スーダンに至るまで地域機構による交渉プロセスは不完
全のままで、よって国連側は合意実施よりも地域間や緩衝地帯での衝突抑止
と文民保護に徹した。この調停と実施の分断、政治過程と治安維持のギャッ

プは和平プロセス全体の行方を脅かす危険がある。特に停戦支援といった和平プロセスの中核を成す事業において、国連と地域機構の責任と役割の曖昧さは紛争解決そのものに影響を及ぼしかねない。PKO が複合化するに伴い派遣労力と期間が増し、展開完了が和平合意から数年かかる事例が増えてきた。PKO が現場に到着した頃には当事者間の合意締結直後の協力関係が変容し、小規模な戦闘が再発している場合も多い。ダルフールでも AMIS 初期の方が紛争当事者との関係も良好で、その拡大が AU の組織脆弱性を晒し、更にその部隊のアップグレードに労を費やした UNAMID が「平和のない平和活動」に直面することになった [31]。

　本稿では和平プロセスにおける政治的な課題と PKO 運営の双方に触れたが、日本も含む第三者の取り組みは後者の能力向上や技術支援が主である。しかし多くの地域機構では未だ個人ベースの行動が国連との連携を支えている現実を踏まえて相互補完を模索していくためには、改めて和平プロセス全体像と今後のニーズの見直しが必要であろう。テロ行為や地域間紛争の増加も含めて内戦の構造が複雑化する中、安全保障措置の多様化傾向は加速するだろう。アラブの春に始まる一連の紛争に見られる通り政治経済に関する抗議活動や選挙時の暴動が戦闘に至ったり、また過激派・民兵など多様な紛争のアクターが局地戦争の主力となったりと、紛争の分散化・都市化が進んでいる。気候変動による食糧危機、自然災害や人口集中もこの傾向に拍車をかけている。これらは PKO への部隊派遣のみでは解決できない新たな課題である。こういった分野での共同研究、軍幹部や指導者レベルでのネットワーク作りなど、先を読む貢献が必要である。

＊本稿における見解は筆者個人のものであり所属する組織を代表するものではない。

注

1　Alexandra Novosseloff and Arthur Boutellis, *UN Peace Operations and Guterres's Reform Agenda* (New York: International Peace Institute, 2017).

2　岩波由香里　「平和維持活動の創設をめぐる国連と地域的機構の不完備情報ゲーム」『国際政治』第 2015 巻第 181 号（2015 年 9 月）、45-59 項。佐藤章「アフリカの問題のアフリカによる解決」の両義性もしくは逆説」『国際政治』第 194 号（2018 年 12 月）、79-94 項、篠田英朗「多元的な国際安全保障環境におけるパートナーシップ平和活動 - 地域・準地域組織の 国際平和活動への関与についての一考察」『国際関係論』第 8 巻第一号（2019 年 9 月）、39-57 頁。中村道「国際連合と地域的機構の関係 ―60 年の変遷と課題」『世界法年報』第 28 巻（2009 年 3 月）、152-81 頁。山下光、神宮司寛「平和維持活動派遣国に対する国際支援」『防衛研究所紀要』第 20 巻第一号（2017 年 2 月）、1-36 頁。

3　Luc Chounet-Cambas, *Negotiating Ceasefires: Dilemmas and Options for Mediators, Mediation Practice Series*, Mediation Practice Series (Geneva: Centre for Humanitarian Dialogue, 2011); Virginia Page Fortna, "Do Ceasefires Ever Work?," *Foreign Policy*, 27 October 2012.

4　Ryan Grist, "More than Eunuchs at the Orgy: Observation and Monitoring Reconsidered," *International Peacekeeping*, vol. 8. no. 3 (2001), pp. 59-78.

5　篠田英明『パートナーシップ国際平和活動：激変する国際社会と紛争解決』勁草書房、2021 年。

6　Bruce D. Jones, *Peacemaking in Rwanda : The Dynamics of Failure* (Boulder: Lynne Rienner Publishers, 2001).

7　Aly Verjee, *Ceasefire Monitoring in South Sudan. 2014-2019: A Very Ugly Mission* (Washington, D.C: United States Institute of Peace, 2019).

8　PKO のタイプについては様々な区分があるが、本稿では国連平和活動局の理解に沿って「従来型」と「複合型」に分ける。国際連合平和維持活動局・フィールド支援局『国連平和維持活動：原則と指針』、2008 年。

9　Bernardo Rodrigues dos Santos, "Mission of the Representative of the Secretary-General in the Dominican Republic," in *The Oxford Handbook of United Nations Peacekeeping Operations*, ed. by Edited by Joachim A. Koops, Thierry Tardy, Norrie MacQueen, and Paul D. Williams (Oxford University Press, 2015).

10　Bruno Coppieters, United Nations Observer Mission in Georgia (UNOMIG), in *The Oxford Handbook, Ibid*.

11　Funmi Olonisakin, "United Nations Observer Mission in Sierra Leone (UNOMSIL)," in *The Oxford Handbook, Ibid*.

12　Daniel Epstein, "International Involvement in Côte d' Ivoire," *Global Policy Forum* (New York, 26 August 2008).

13　Crisis Group, *South Sudan: Keeping Faith with the IGAD Peace Process*, 27 July 2015; World Peace Foundation, "UNMISS Short Mission Brief," *African Politics, African Peace* (Medford: World Peace Foundation, 2015).

14　Aly Verjee, *Monitoring Ceasefires Is Getting Harder: Greater Innovation Is Required* (Geneva: Centre for Humanitarian Dialogue, 2019).

15　Arthur Boutellis and Marie-Joëlle Zahar, *A Process in Search of Peace: Lessons from the Inter-Malian Agreement* (New York: International Peace Institute, 2017), p. 14.

16　United Nations, *Report of the Secretary-General on the Situation in Mali* (New York, 31 May 2016).

17　Richard Gowan and Stephen John Stedman, "The International Regime for Treating Civil War, 1988–2017," *Daedalus*, vol. 147. no.1 (2018), pp. 171–184.

18　Sabine Freizer, "Twenty Years after the Nagorny Karabakh Ceasefire: An Opportunity to Move towards More Inclusive Conflict Resolution," *Caucasus Survey*, vol. 1. no.2 (2014), pp. 109–122; Carey Cavanaugh, "OSCE and the Nagorno-Karabakh Peace Process," *Security and Human Rights*, vol. 27. no. 3–4 (2016), pp. 422–441.

19　Martti Ahtisaari, "Delivering Peace for Aceh", in *Reconfiguring Politics:The Indonesia – Aceh Peace Process*, ed. by Aguswandi and Judith Large (London: Conciliation Resources, 2008), pp. 22–24; Kirsten E Schulze, "The Aceh Monitoring Mission," in *European Security and Defense Policy: The First 10 Years (1999–2009)*, ed. by Giovanni Grevi, Damien Helly, and Daniel Keohane (Paris: European Union Institute for Security Studies, 2009).

20　AMIS引き継部隊の装備等を国連スタンダードに上げるため2007年から2008年にかけてドナーグループが装備補填支援などを行った。

21　UNAMID共同特別代表と軍事司令官はAUと共同任命と定められたが、AUは文民部門でも部長以上の共同任命を要請したため、国連職員選考規定に反しかねない協力体制は文書で明記せずという妥協案に落ち着いた。筆者による当時の

AU 平和安全保障委員ジニット（Said Djinnit）との会話、ニューヨーク国連本部、2008 年 11 月および 2009 年 3 月。

22　African Union, *Handbook for AU Practitioners – Volume I: Managing Peace Processes – Process Related Questions* (Geneva: Center for Humanitarian Dialogue, 2013); Sudan Tribune, "African Union Makes Unusual Criticism of Darfur Joint Mediator – Sudan," 11 April 2011.

23　African Union, *Report of the African Union High-Level Implementation Panel for Sudan and South Sudan* (Addis Ababa, 31 July 2013).

24　AU High-Level Implementation Panel, "Roadmap Agreement," 21 March 2016, accessed 14 August 2021, http://www.peaceau.org/uploads/auhip-roadmap-signed-080816.pdf.

25　Crisis Group, *Safeguarding Sudan's Revolution*, 21 October 2019.

26　アブディン・モハメド「バシール政権崩壊から暫定政府発足に至るスーダンの政治プロセス—地域大国の思惑と内部政治主体間の権力関係」『アフリカレポート』第 58 巻（2020 年 5 月）、41-53 頁。

27　国連内部文書・日誌、2020 年 5 月 6 日。

28　Sudan Tribune, "African Union to Issue New Mandate on Sudan Peace Process," 17 October 2019；Jean-Baptiste Gallopin, "The Great Game of the UAE and Saudi Arabia in Sudan," in *The Project on Middle East Political Science* (*POMEPS*) (Washington, D.C.: Elliot School of International Affairs, 2020).

29　UN Documents, S/2020/77 (2020), 28 January 2020; S/2020/221 (2020), 27 February 2020.

30　2019 年 12 月から 2020 年 6 月の間での報告者との対談数回におけるコメント。

31　Ralph Mamiya and Wibke Hansen, *The Effectivess of Peace Operations Network: Sudan* (Oslo: Norwegian Institute of International Affairs, 2020), p. 21.

6 新型コロナウイルス感染拡大の影響にみる 安保理北朝鮮制裁の課題

竹　内　舞　子

はじめに

　2019 年末に始まった新型コロナウイルス（以下、COVID-19）の感染拡大とそれに伴う物流および人流の停滞は各国経済や国民生活に影響を与えた。北朝鮮は、2020 年 1 月以降、人的往来の制限や輸出入の制限を含む厳しい措置を取っている[1]。2021 年末時点で北朝鮮における COVID-19 の感染者は報告されていないが[2]、北朝鮮による COVID-19 対応措置は物資不足などを引き起こし市民の生活にも深刻な影響を与えている。北朝鮮においては COVID-19 の感染拡大以前から市民の栄養失調や医療水準の低さが問題となっていたことから[3]、COVID-19 感染拡大によるリスクが特に高いと考えられ、各国による人道支援が提案された[4]。

　また、COVID-19 の感染拡大に伴い市民への悪影響を防ぐために経済制裁を緩和すべきとの議論が国連においても提起され[5]、北朝鮮に関しては2018 年以降主張されてきた安保理決議（以下、決議）の緩和論にさらにCOVID-19 に基づく市民生活への悪影響という理由が加えられ、2021 年 11月に制裁緩和を求める決議案が安保理に改めて提案された。その一方で、北朝鮮による決議違反は継続しており、北朝鮮は 2020 年以降もプルトニウム抽出の再開や新たな技術を用いた弾道ミサイル発射実験を継続している。また、輸出入制限下にあっても石油精製品の不正輸入や石炭の不正輸出は継続

している。さらに、国境の閉鎖に伴い 2019 年 12 月までの送還が義務付けられていた海外派遣労働者が引き続き海外に留まり就労を継続する状況が続いている。

筆者は 2016 年から 2021 年まで安保理北朝鮮制裁委員会（Security Council Committee established pursuant to resolution 1718（2006 年）、以下、制裁委員会）専門家パネル委員[6]として制裁の履行状況や意図せざる効果等についての調査を行った。この職務で得られた知見および最新の状況に基づき、本稿では、2020 年からの COVID-19 感染拡大とそれに伴う北朝鮮および関係国の措置が安保理制裁の履行に与えた影響を分析するとともに、北朝鮮制裁の緩和論をケーススタディとして人道支援と制裁の実効性の両立のための手段について論じる。

1 COVID-19 の感染拡大による北朝鮮への影響

（1） 北朝鮮による COVID-19 対応

COVID-19 の感染拡大に対応するため各国においてとられた対応の柱の一つが、人の往来の制限であり、これに伴い旅客便に依存する航空貨物を中心に国際間輸送も減少した[7]。また各国において COVID-19 への対応措置に必要な医療品の輸出制限も行われた[8]。北朝鮮は、2020 年 1 月後半に海外旅行客の入国中止、在留外国人の中国渡航禁止、中国からの入国者についての 30 日間の隔離措置などの措置を開始、さらに、1 月末までに中国およびロシアからの空路および鉄道による移動を中断した[9]。以後北朝鮮は、2021 年末現在この入国制限を解除していない。北朝鮮当局は、2020 年 9 月までに約 4 万人（総人口の約 0.15%）に対する COVID-19 検査の実施、マスクの着用の義務化、消毒、都市や地域の封鎖の措置を取るとともにこれらの措置に対する厳格な監視体制を敷いている[10]。2020 年 8 月には中国・ロシアとの国境間移動の規制強化の方針を打ち出し、密入国者は直ちに射殺するとの方針を示した。これに対し国連人権特別報告者は密入境者の取り締まりに殺傷兵

器を利用することは国際基準に反しているとして懸念を示している[11]。また、国境間の密輸の違反者に対する死刑の執行も報告されている[12]。

（2）　北朝鮮経済への影響

　2020年初頭のCOVID-19対応措置を受けて、この年の物資の輸送量は大幅に減少した。制裁委員会専門家パネルの報告書によれば、北朝鮮の海上輸送は1月後半に停止し、その後3月以降徐々に回復した[13]。陸路（道路と鉄道）による輸送も徐々に回復したが2019年以前の水準には回復しなかった。ただし、2020年前半においてもロシアのハサン（Khasan）から北朝鮮の羅津（ラジン）港を結ぶ列車によるロシア産石炭の輸送は継続した。

　貿易統計からも、輸出入の減少は裏付けられる。北朝鮮の輸出入額は、2020年1月以降大幅に減少し、2020年の輸入総額が560,066,000米ドル、輸出総額が179,467,000米ドルに留まり、2019年のそれぞれ2,726,509,000米ドルおよび475,155,000米ドルから大幅に減少した[14]。2021年に入ってからもこの傾向は続いており、北朝鮮との最大の貿易相手国である中国との貿易額は、同年1月から9月までの累計輸入総額が151,740,000米ドル、累計輸出総額が33,593,000米ドルとなり、前年比の同時期の額に比べそれぞれ68.9%および23.3%減少している[15]。特に、穀物や植物油など食料品の中国からの輸入量が大幅に減少したが、砂糖や代用たばこなどほぼ前年と同水準のものもある（表1）。対照的に2019年から2020年にかけて、北朝鮮のロシアからの輸入量は変化していない。（2018年は32,083,000米ドル、2019年は44,866,000米ドル、2020年は24,954,000米ドル[16]）また、2020年には穀物（HS Code 10）の輸入量（15,389,000米ドル）が前年（3,791,000米ドル）の4倍以上に増加している。しかしながら、中国からの輸入の減少は物資不足をもたらし、食料や日用品などの価格高騰を引き起こしている[17]。

（3）　国家によるCOVID-19防止措置を理由とした体制の引き締め

　2022年に入っても、物資不足、物価上昇、移動制限により北朝鮮の市民

表 1　北朝鮮の中国からの輸入額の変化の例

（単位：1,000 米ドル）

HS コード	品名	2018	2019	2020
1507	大豆油	135,631	122,859	65,835
1006	コメ	24,634	77,507	589
1101	小麦およびメスリン粉	63,047	73,177	35,478
3004	医薬品（投与量あるいは包装したもの）	30,307	44,343	17,194
1701	サトウキビおよびてん菜糖およびしょ糖	35,004	39,241	31,878
2403	（葉巻、紙巻でない）その他のたばこおよびたばこ代用品	45,904	38,431	22,023
0303	冷凍魚	37,709	36,416	4,416

出典）International Trade Center（ITC），"Trade Map"（https://www.trademap.org/Index.aspx, accessed 9 October 2021）より筆者作成。

生活は厳しい状況におかれている。しかし北朝鮮の政権は現在のような厳しい対応を国内の体制引き締めに利用しているとみられる[18]。このように制裁対象国の政権が、市民生活に対する制約を国内の体制引き締めに利用したり、市民の窮状を国際世論に制裁の不当性を訴えるための手段として利用したりする場合、政権が市民の状況を改善する動機が下がる。また、制裁の緩和を期待する関係国が制裁対象国の人道支援に消極的になったり、支援物資の国境間移動を阻害したりする可能性がある。

2　安保理北朝鮮制裁の履行状況と決議違反の継続

（1）　北朝鮮制裁の履行状況

北朝鮮の核・弾道ミサイル開発問題に対する安保理による経済制裁は2006 年から開始され、北朝鮮の大量破壊兵器等の開発に必要な物資、資金、技術の移転を止めるための措置が定められている[19]。おもな内容としては、大量破壊兵器およびその運搬手段の製造開発に必要な物資や技術の輸出入禁止、武器の輸出入禁止、化石燃料の輸入制限、北朝鮮船舶との瀬取り（船舶

間での物資の移転）の禁止、車両、工業製品や金属等の輸入禁止、主要輸出
財（石炭、鉱物資源、繊維製品、海産物、工業製品等）の輸出禁止、北朝鮮
の海外派遣労働者の送還、北朝鮮の金融機関の海外での活動の禁止、北朝鮮
の核、弾道ミサイル開発やそのための資金調達に関与する組織および個人に
対する資産凍結および渡航禁止などが含まれる[20]。

　2020 年以降、北朝鮮への石油精製品の輸出量は 2019 年の水準から大きく
減少している。2021 年には同年 9 月末までの石油精製品の申告輸出量は 4
万バレルを下回り、決議第 2397 号で定められた輸出上限（50 万バレル）の
7.67％にとどまった（図 1）[21]。その一方で、制裁委員会専門家パネル報告
書によれば、北朝鮮への石油精製品の不正輸出は、2020 年から 2021 年にか
けても継続しており、2021 年の不正輸出量は決議で定められた上限を超え
ると予測されている[22]。また、北朝鮮は 2020 年以降も石炭の不正輸出を継
続している。2020 年 1 月から 9 月までに少なくとも 400 回にわたり 250 万

図 1　北朝鮮向け石油精製品の申請輸出量（2019-2021 年）

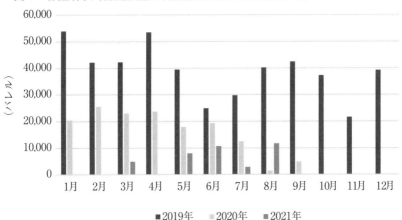

出典）United Nations Security Council, "Supply, sale or transfer of all refined
petroleum products to the DPRK," accessed 20 January 2022（https://
www.un.org/securitycouncil/sanctions/1718/supply-sale-or-transfer-of-all-
refined-petroleum）より筆者作成。原稿執筆時点で 2021 年の 9 月以降の数
値は未公表。

トン以上を中国に輸出したとみられており、不正輸出は 2021 年も継続している[23]。さらに、北朝鮮籍の船舶が中国からの人道支援物資を輸送する機会を利用して、石炭の不正輸出を行った事例も複数件報告されている[24]。

　また、COVID-19 感染拡大防止策としての入国制限に伴い、本来であれば決議 2397 号第 8 項に基づき 2019 年 12 月までに各国が送還することとされている北朝鮮の海外労働者が、引き続き海外に留まり工場やレストラン等で勤務しているとみられている[25]。帰国ができないことを名目に決議違反が継続していることも問題であるが、本国に帰国できない状態が 2 年以上続いていることで労働者およびその家族の権利も侵害されている。

（2）　北朝鮮による核・弾道ミサイル開発の継続

　2020 年 1 月以降も北朝鮮は核・弾道ミサイル開発を継続している。国際原子力機関は、2021 年 2 月から 7 月にかけて寧辺（ヨンビョン）原子力研究所内で使用済み燃料棒からのプルトニウム抽出が行われた可能性と 2021 年 7 月から 5MW（e）黒鉛炉が再稼働した可能性を示すとともに、金正恩朝鮮労働党委員長が 2021 年 1 月の朝鮮労働党第 8 回党大会で核兵器開発が継続している旨の報告を行ったことを指摘している[26]。また、平山（ピョンサン）にあるウラン鉱山および精錬施設も操業を続けている[27]。2020 年は 3 月に 4 回、計 8 発以上の発射実験を行い、このうち少なくとも 3 回は従来北朝鮮が保有するミサイルよりも低い高度を飛翔した。また、2021 年には 3 月から 10 月に 4 回、計 8 発の弾道ミサイル発射を行い、このうち 9 月の発射は列車からの発射、10 月の発射は変則的軌道で航行する潜水艦発射型弾道ミサイルの発射実験であったとみられる。さらに、2021 年に入ってからは 1 月 17 日までに 4 回の弾道ミサイル発射実験を行い、これらの発射の中にも、通常の弾道ミサイルより低い高度で飛翔したものや水平方向への変則的軌道で飛翔したものが含まれる（表 2）。鉄道からの発射と低い高度や変則軌道での飛翔はいずれもミサイルの探知を困難にするための技術開発を示唆している。加えて、制裁委員会専門家パネルは、2021 年においても弾道

ミサイル関連の工場や基地での活動が継続していることを指摘している[28]。

このように北朝鮮においてはCOVID-19対応措置や自然災害による市民生活への影響が指摘される中でも継続的に核・弾道ミサイル開発のために資源が使われている。

表2　北朝鮮による弾道ミサイル発射（2020年1月1日〜2021年1月17日）

発射日	数	飛距離 (km)	特　徴
2022年1月17日	2	300	最高高度約50km。固体燃料推進方式の短距離弾道ミサイルとみられる。
2022年1月14日	2	400	固体燃料推進方式の短距離弾道ミサイル。最高高度約50km。
2022年1月11日	1	700	変則的軌道で飛翔した可能性あり。最高高度約50km。
2022年1月5日	1	500	新型弾道ミサイル。
2021年10月19日	1	―	変則的軌道（下降してから上昇）を取る潜水艦発射型弾道ミサイル。
2021年9月28日	1	―	―
2021年9月15日	2	750	鉄道発射式ミサイル。従来保有するスカッドミサイルより低い高度（最高高度約50km）を飛翔、日本のEEZ内に落下。
2020年3月29日	2	最大約250	従来保有するスカッドミサイルより低い高度を飛翔。
2020年3月21日	2以上	300〜400	従来保有するスカッドミサイルより低い高度を飛翔。
2020年3月9日	複数	100〜200	日本のEEZ外の日本海上に落下。
2020年3月3日	2	240	従来保有するスカッドミサイルより低い高度を飛翔

注）表中「−」は公表情報がないことを示す。
出典）防衛省・自衛隊「北朝鮮のミサイル等関連情報」（https://www.mod.go.jp/j/approach/defense/northKorea/index.html, 2021年1月20日）および朝鮮中央テレビ（2021年9月16日放送）より筆者作成。

3　北朝鮮制裁と人道支援

（1）　北朝鮮制裁の効果と制裁緩和論

　安保理による北朝鮮制裁により、2016 年から 2017 年にかけて輸出入規制
対象となる物資が大幅に拡大したほか、労働者の派遣や北朝鮮との合弁企業
の禁止など北朝鮮の対外的な経済活動も制限された。これにより北朝鮮の対
外貿易額は大幅に減少し、輸出額が 2016 年には 2,997,825,000 米ドルであっ
たのに対し 2019 年には 475,155,000 米ドル、輸入額は 2016 年の 3,239,556,000
米ドルから 2019 年には 2,726,509,000 米ドルに減少した[29]。さらに、北朝鮮
は決議による規制以前には約 10 万人の労働者を海外に派遣し、年間約 5 億
米ドルを得ていたとされる[30]。したがって、決議による措置は北朝鮮の外貨
収入を大きく減らしたといえる。

　2018 年に入り、北朝鮮は市民経済の状況改善を理由として国連制裁の緩
和を関係国に働きかけ、2019 年 12 月には、中国およびロシアが安保理加盟
国に対し北朝鮮制裁決議のうち海産物や繊維製品の輸出禁止、派遣労働者禁
止の撤廃などを提案したが採決には至らなかった[31]。しかし、2020 年には、
COVID-19 の感染拡大に対応するための制裁の適用中止という議論が提唱
され、2020 年 3 月にグテーレス（Antonio Guterres）事務総長が各国に対
する制裁の適用中止を奨励する呼びかけを行ったのに続き[32]、中国、ロシ
ア、イラン、北朝鮮など 8 カ国が、各国の単独制裁を批判する書簡を事務総
長および安保理議長に提出した[33]。さらに 2021 年 11 月には中国およびロシ
アが北朝鮮制裁を緩和する決議案を安保理に提案した。その内容は、北朝鮮
の市民生活を向上させるために、北朝鮮の海産物と繊維製品の輸出禁止や海
外派遣労働者禁止の撤廃、石油精製品の輸入制限の撤廃に加え、南北鉄道事
業を制裁決議の対象外とすることなどを含み、いわば 2019 年の決議案を再
度提案したものである[34]。しかし、この提案の理由として COVID-19 の感
染拡大による市民経済への悪影響が新たに主張された点は、このような状況

が制裁緩和の理由としても利用される例として留意する必要がある[35]。

（2）　制裁緩和論の問題点

　市民生活の状況改善を理由とした北朝鮮制裁の緩和の主張に関しては懸念される点が複数ある。第一には、決議の緩和が制裁対象国において決議が禁止する活動に利用される可能性があることである。決議においても、北朝鮮が天然資源や海産物等の輸出や労働者の派遣で得た外貨が核・ミサイル計画に使われることが指摘されている[36]。特に、労働者の派遣についてはその目的が（労働者の生計ではなく）核・弾道ミサイル開発のための外貨獲得であると明記されている[37]。特に、中国とロシアにより制裁の解除が提案されている経済活動はいずれも北朝鮮の国家が直接・間接的に統制する活動であり政府の各部門が利権を有しているので、活動による利益も大部分が核・弾道ミサイル開発を含めた政府の活動のために使われる可能性が高い。

　第二に、獲得された外貨が市民の生活のために使われるかは極めて不確実であり、かつそれを監視する手段が限られていることである。住民の栄養状態については経済制裁だけでなく気象など様々な要素があるが、2016年以降の決議の強化以前から北朝鮮住民の約40％が栄養不足であり、かつ、栄養不足の国民の割合は制裁決議の採択前（2006年）より徐々に増加し、2011年には2017年とほぼ同水準である。このことは、制裁の強化よりも政権による市民への資源の分配が市民生活により大きな影響を与えている可能性を示唆する（図2）。したがって、仮に決議の一部が緩和され外貨の獲得手段が回復したとしても外貨収入の大部分は政府が獲得するうえ、政府による市民に対する資源分配が改善する保証はない。

　また、COVID-19の感染拡大以前より北朝鮮市民は国外との通信が厳格に制限されているうえ、国際機関の職員を含め外国人は入国や現地における行動が制限されている。さらに、COVID-19の予防措置としての国境封鎖により北朝鮮に駐在する国際機関職員の数は極めて限られている。キンタナ国連北朝鮮人権状況特別報告者の報告書によれば2021年前半において人道

図2　北朝鮮人口における栄養不良の割合（2001-2019 年）

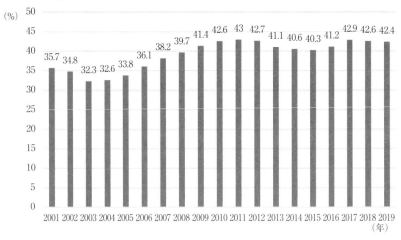

出典）国連食糧農業機関（FAO）統計（prevalence of undernourishment）より筆者作成。

　支援のために活動する国際職員は国連からの2名およびNGOからの1名の計3人にとどまっている[38]。また、2020年前半に多くの外交団が職員を国外に退避させており、2021年7月時点で25の外交使節団のうち9カ国だけが外交官を北朝鮮に残している[39]。これは、北朝鮮において現地の感染拡大等に関する情報や医療へのアクセスが限られている状況で職員や外交官の安全を考えれば当然の措置である。しかし、このような状況では国際社会や市民社会が北朝鮮政府の資源分配を監視する手段が極めて限られる。

　第三の問題は、北朝鮮の経済状況に関する情報公開が限定的であるために決議による市民生活への影響についての検証ができないことである。制裁が経済活動に与える影響について検証する場合には実際に発生している物資不足や市民の外貨獲得手段の減少の程度とそれが発生する原因を分析したうえで、北朝鮮に対し安保理および各国が課している制裁の規制に照らしてその影響を評価する必要がある。そのためには貿易統計等のデータが公表されるだけでなく、国連あるいはNGO等が現地で起きている問題を調査できなけ

れば正確な評価ができない。例えば、ある物資の不足が起きている場合、その品目あるいは原材料の輸入量が実際に減少したのか、さらにその品目が安保理決議の輸入禁止品目なのか、それとも別の理由（例えば、単独制裁による措置や税関での貨物検査の強化など）で輸入量が変化したのかなどを調査できなければ、制裁による影響を評価することや実効的な改善策を検討することができない。また別の例として、北朝鮮の主要輸出財の輸出や労働者の派遣について、決議で禁止採択される以前にこれらの事業で北朝鮮の一般家庭においてどれだけの利益が得られたのかについての情報は極めて限られている。むしろ、貿易事業の多くが国家に統制されていることや、派遣労働者が受け取る給料は大使館に搾取されたり国内でも賄賂等の支払いのため大部分が公権力側に没収されたりしていることが知られている[40]。

　このように、中国、ロシアが提案している市民生活のための制裁一部緩和論に関しては、北朝鮮の政治・経済体制に照らして検討するとその目的を達成できない可能性が高い。逆に政権が外貨獲得を行うための機会に使用され、制裁の効果を弱めてしまうことが予想される。

（3）　人道支援と制裁との両立

　COVID-19 の感染拡大に限らず、制裁対象国において大規模自然災害などが生じた場合にはそれに対する国際的支援を行うことは必要である。しかし決議の緩和は先に述べた理由から決議の目的に適わない。むしろ、人道支援に必要な物資の移転に対する迅速な許可手続や必要に応じた許可期間の延長などの手段を通じて、人道支援物資の移転のみを迅速化することで対応が可能である。これにより、制裁の効果が損なわれるリスクを抑えながら市民に必要な救援物資を迅速に届けることができる。制裁委員会においては2020 年 11 月に人道支援にかかる手続を定めた implementation assistance notice No.7 が変更され、除外申請承認手続の迅速化（実務上最短では 2 業務日で決定される）や適用除外期間の延長（従来の 6 カ月から 9 カ月への延長）、申請用書類のひな型の公開などが行われた[41]。制裁委員会の年次報告

によれば、この手続に基づき 2020 年には 30 件、2021 年には 9 件の適用除外申請が承認された[42]。それ以前に行われた人道支援のための制裁適用除外承認は、2018 年は 15 件、2019 年は 38 件であった[43]。2020 年以降人道支援申請件数が増えなかった理由としては、北朝鮮側の国際的支援受け入れへの慎重姿勢や、引き続き北朝鮮への入国規制が続いていて支援が進んでいないことが原因になっていると考えられる。なお、北朝鮮による国境封鎖を含む様々な措置に伴う物資の移転の遅れを考慮し、2020 年に承認された案件については 2022 年あるいは 2023 年までが承認期限とされている[44]。

　制裁委員会における承認を経た人道支援を行う場合でも、軍事転用されて制裁逃れに利用される可能性や、物資が市民ではなく政権幹部や軍などに分配される可能性はある。しかし、人道支援のための適用除外申請を受ける過程では、制裁委員会において軍事転用の可能性について厳格な審査が行われているので、軍事転用の恐れがある品目が北朝鮮に移転する可能性は低い。また、この枠組では全ての移転物資のリストが提出されるので、制裁委員会における承認を得ずに物資が移転される場合や、決議の緩和により制限なく物資が移転する場合に比べて調査が容易である。しかし、COVID-19 の感染拡大以前より、外国人が実際に現地で物資の引き渡しや利用状況を監督する機会が限られているので、引き続き支援物資の流用のリスクは残る。したがって、支援を計画する際にはこの点を考慮に入れて例えば小児へのワクチン接種など流用できない形態での支給などを検討する必要がある。

（4）　北朝鮮側の措置に基づく人道支援の遅れ

　国際的支援の遅れは、支援受入国側の政策に起因することもあり、現在の北朝鮮市民の状況についてもそれが当てはまる。人道支援の受け入れに関して、北朝鮮は慎重な姿勢を示してきた。2021 年 7 月に COVAX プログラムに基づき北朝鮮に対し約 170 万回分のワクチンの提供が提案された際にも、北朝鮮はこのワクチンについて状況のひどい他の国に再配分してよいとの意向を示した[45]。10 月に入り、北朝鮮はこのような姿勢をやや軟化させ、

COVAX プログラムに基づく国内でのワクチン受け入れ体制について検討する意向を示しているとも報じられている[46]。

　また、北朝鮮による輸入規制も人道支援物資の輸入の遅れの原因であるとの指摘がある。北朝鮮人権特別報告者は、北朝鮮による輸入規制により人道支援物資が中国との国境で長期間留置されていて、これによる保管料が支援団体に追加の負担となっていると指摘している[47]。また国際連合国際児童緊急基金（UNICEF）が送付した医療支援物資は、国境封鎖に伴い約 1 年中国の大連港で留め置かれており、さらに、約 2 カ月から 3 カ月にわたり北朝鮮国内での検疫のために留め置かれた[48]。

　国際機関は、市民生活の窮状が制裁に対する批判に利用されることを防ぐためにも、また、北朝鮮の政権に対して市民のための支援受け入れを促すためにも、支援の提案状況や北朝鮮側の対応について情報を公開する必要があると考える。

おわりに

　COVID-19 の世界的感染拡大を受けての北朝鮮および関係国の行動は、安保理決議の履行と制裁対象国に対する人道支援の実施に関連する様々な問題を提起した。感染症に対する措置が不十分となることは制裁対象国における人道問題にとどまらず周辺国のリスク要因にもなるので、支援措置は迅速に進める必要がある。しかし、今般の北朝鮮のケースでは制裁対象国が決議違反となる行為を継続するとともに、人道支援の受け入れに消極的であるため、安保理が人道支援のための措置を講じていても人道支援の実施が困難となっている。さらに、COVID-19 の感染拡大防止のための市民の活動への様々な制限措置を、政権が国内の体制引き締めに利用している可能性がある。

　他方で、COVID-19 の感染拡大や予防措置が経済や市民生活に与えている影響が制裁の緩和を求める根拠としても主張されている。しかし、対北朝

鮮制裁の緩和は、政権による外貨獲得を可能にするものの、市民生活への資源の分配を保証する手段がないことから、決議の実効性を損なう一方で市民の生活の向上にはつながらないと考えられる。人道支援を迅速に行うためには、まず現行の適用除外の枠組を利用した支援の実施が有効であるし、北朝鮮の政権の側がそれを受け入れる姿勢を取るべきである。人道的措置を速やかに進めることは、COVID-19 の感染拡大を経済制裁緩和の根拠の一つとすることへの有効な反論となる。また、今般のように安保理が措置を講じているにもかかわらず制裁対象国側の事情により市民に必要な医療支援が届いていない場合には、安保理や国際機関等が支援の提供状況についてそのような事情も含めより広範に情報提供することも、決議に対する人道上の観点からの批判に反論するうえで必要であると考える。

　COVID-19 の感染拡大を契機として制裁対象国や関係国の行動が経済制裁の履行に与えた影響を分析することは、今後同様の国際的緊急事態が発生した際に生起しうる状況や制裁対象国が取り得る対応を予測し、国際社会が取るべき措置を迅速に検討するうえでの重要な資となると考える。

注

1　COVID-19 の世界的感染拡大初期における北朝鮮の対応については、中川雅彦「朝鮮民主主義人民共和国の防疫体制」『IDE スクエア―世界を見る眼』2020 年 7 月、1-5 頁。

2　"WHO Coronavirus (Covid-19) Dashboard," World Health Organization (WHO), accessed 20 January 2022, https://covid19.who.int.

3　2020 年 4 月に公表された国連人道問題調整事務所資料によれば COVID-19 の感染拡大以前から 1,000 万人以上が栄養不足で、約 900 万人が十分な保健サービスを得られていなかった。"DPR Korea Needs and Priorities Plan 2020," April 2020, p.5, accessed 11 October 2020, https://dprkorea.un.org/sites/default/files/2020-04/2020_DPRK_Needs_and-Priorities_Plan.pdf.

4　例えばスイスは COVID-19 の感染拡大予防措置のための病院等への支援のための制裁適用除外を 2020 年 3 月 5 日に制裁委員会に申請し、2020 年 3

月12日に適用除外が認められた。Letter from the Chair of Security Council Committee established pursuant to resolution 1718 (2006) to the Permanent Representative of Switzerland to the United Nations, accessed 23 November 2021, https://www.un.org/securitycouncil/sites/www.un.org.securitycouncil/files/1718_to_switzerland_reply_exemption_extension_2nov21_e.pdf.

5　グテーレス国連事務総長は2020年3月のG-20会合において、食料やCOVID-19への医療支援などへのアクセス確保のため各国に対する制裁の適用中止（"the waiving of sanctions imposed on countries"）を奨励する旨主張した。"Note to Correspondents: Letter from the Secretary-General to G-20 Members," United Nations, 23 March 2021, accessed 13 January 2022, https://www.un.org/sg/en/content/sg/note-correspondents/2020-03-24/note-correspondents-letter-the-secretary-general-g-20-members. また、イラン、北朝鮮、ロシア、中国など8カ国の国連全権大使（キューバについては臨時代理大使）が各国による経済制裁の解除を求める書簡を国連事務総長および安保理議長あて発出した。Letter dated 25 March 2020 from the representatives of China, Cuba, the Democratic People's Republic of Korea, the Islamic Republic of Iran, Nicaragua, the Russian Federation, the Syrian Arab Republic and the Bolivarian Republic of Venezuela to the United Nations addressed to the Secretary-General and the President of the Security Council, UN Document, A/74/768–S/2020/238, 26 March 2020.

6　The Panel of Experts established pursuant to Security Council resolution 1874 (2009).

7　WHO, *Export Prohibitions and Restrictions*, p. 1, 23 April 2020.

8　*Ibid.*

9　Chad O'Carroll, Nils Weisensee, "Tourism to North Korea suspended amid China coronavirus concerns: operator," *NK News*, January 21, 2020, https://www.nknews.org/2020/01/tourism-suspended-to-north-korea-amid-china-coronavirus-concerns-ypt/?t=1652475447556, accessed 22 January 2020, Oliver Hotham, "N. Korea drastically restricts travel to China in bid to stem coronavirus spread," *NK News*, 23 January 2020, https://www.nknews.org/2020/01/north-korea-bars-all-outbound-flights-to-china-in-bid-to-stem-coronavirus-spread/?t=1580177767622, accessed 24 January 2020, Colin Zwirko, "Train service to North Korea from China and Russia suspended amid virus concerns," NK News, 3 February 2020, https://www.nknews.org/2020/02/train-service-to-north-korea-from-china-and-russia-suspended-amid-virus-concerns, accessed 6 February 2020. なお、2020 年 3 月に外交官等約 80 人の退避のため平壌発ウラジオストク行きの高麗航空便が一便のみ運行した。Oliver Hotham, "After over a month under quarantine, foreign diplomats leave Pyongyang," *NK News*, 8 March 2020, accessed 19 March 2020, https://www.nknews. org/2020/03/after-over-a-month-under-quarantine-some-foreign-diplomats-leave-pyongyang.

10　UN Document, A/76/392, para.8, 8 October 2021.

11　*Ibid.*

12　UN Document, A/HRC/46/51, para.46, 2 July 2021.

13　The Panel of Experts established pursuant to Security Council resolution 1874 (2009), "Midterm report of the Panel of Experts submitted pursuant to resolution 2569 (2021)," UN Document, S/2021/777, annex 1, 8 September 2021.

14　International Trade Center (ITC), "Trade Map," https://www.trademap. org/Index.aspx, accessed 14 November 2021. 本稿の北朝鮮貿易額はいずれも貿易相手国の統計データからのミラーデータである。

15　ITC, *op.cit.*

16　ITC, *op.cit.*

17　Chad O'Carroll, "Fresh food prices remain 'shockingly high' in North Korean capital," *NK News*, January 24, 2022, accessed 24 January 2022, https:// www.nknews.org/2022/01/fresh-food-prices-remain-shockingly-high-in-north-korean-capital.

18　現在の状況を政権が体制引き締めに利用しているとの専門家の指摘については、Kim, *op.cit.*

19　一連の北朝鮮関連決議については、United Nations Security Council, "Resolutions," accessed 2 October 2021, https://www.un.org/securitycouncil/sanctions/1718/resolutions.

20　各決議で規制された内容とその意義については、竹内舞子「国連による北朝鮮制裁の有効性―その効果と課題」『国際安全保障』第 48 巻第 2 号（2020 年 9 月）、24-45 頁。

21　UN Document, S/RES/2397 (2017), para.5, 22 December 2017.

22　"Midterm report of the Panel of Experts submitted pursuant to resolution 2569 (2021)," UN Document, S/2021/777, *op. cit.*, paras. 24-27.

23　*Ibid.*, paras. 85-103; The Panel of Experts established pursuant to Security Council resolution 1874 (2009), "Final report of the Panel of Experts submitted pursuant to resolution 2515 (2020)," UN Document, S/2021/211, para. 60, 4 March 2021.

24　"Final report of the Panel of Experts submitted pursuant to resolution 2515 (2020)," UN Document, S/2020/211, paras. 58, 63-64.

25　The Panel of Experts established pursuant to Security Council resolution 1874 (2009), "Midterm report of the Panel of Experts submitted pursuant to resolution 2515 (2020)," UN Document, S/2020/840, para. 108, 28 August 2020.

26　International Atomic Energy Agency, "Application of Safeguards in the Democratic People's Republic of Korea," GOV/2021/40-GC (65)/22, paras. 8, 12, 27 August 2021, accessed 1 September 2021, https://www.iaea.org/sites/default/files/gc/gc65-22.pdf.

27　*Ibid.*, para. 13.

28　"Midterm report of the Panel of Experts submitted pursuant to resolution 2569 (2021)," *op.cit.*, para. 19.

29　ITC, *op.cit.* 2016 年以降の安保理対北朝鮮制裁強化の効果については、竹内、前掲論文。

30　U.S. Mission to the United Nations, "FACT SHEET: UN Security Council Resolution 2397 on North Korea," December 22, 2017, accessed 7 August 2021, https://usun.usmission.gov/fact-sheet-un-security-council-resolution-2397-on-north-korea.

31　Michelle Nichols, "China, Russia propose lifting some U.N. sanctions on North Korea, U.S. says not the time," *Reuters*, December 16, 2019, accessed 19 December 2019, https://www.reuters.com/article/northkorea-usa-un/update-1-china-russia-propose-lifting-of-some-u-n-sanctions-on-north-korea-idUSL1N28Q1GF.

32　"Note to Correspondents: Letter from the Secretary-General to G-20 Members," *op. cit.*

33　Letter dated 25 March 2020 from the representatives of China, Cuba, the

Democratic People's Republic of Korea, the Islamic Republic of Iran, Nicaragua, the Russian Federation, the Syrian Arab Republic and the Bolivarian Republic of Venezuela to the United Nations addressed to the Secretary-General and the President of the Security Council, *op.cit.*

34　Michelle Nichols, "China, Russia revive push to lift U.N. sanctions on North Korea," *Reuters*, November 2, 2021, accessed 4 November 2021, https://www. reuters.com/world/asia-pacific/china-russia-revive-push-lift-un-sanctions-north-korea-2021-11-01.

35　中国外交部『外交部発言人汪文斌例行記者会』2021 年 11 月 2 日。（https://www.fmprc.gov.cn/web/fyrbt_673021/jzhsl_673025/202111/t20211102_10440013.shtml, 2022 年 1 月 4 日）。

36　UN Document, S/RES/2397（2017）, *op. cit.*, preamble, para. 8.

37　*Ibid.*, para. 8.

38　UN Document, A/HRC/46/51, *op. cit.*, para. 49.

39　UN Document, A/76/392, *op. cit.*, para.1.

40　セネガルで北朝鮮派遣労働者を雇用している北朝鮮企業が現地の北朝鮮大使館に資金を納めていた事例については、"Final report of the Panel of Experts submitted pursuant to resolution 2515（2020），" *op. cit.*, para. 134. また、派遣労働者が派遣されるためには政府側に賄賂を払う必要があり、また収入の半分を政府側に上納しているとの指摘については、Anastasia Napalkova, "The secret world of Russia's North Korean workers," *BBC News*, 25 April 2019, accessed 25 October 2021, https://www.bbc.com/news/world-europe-43802085.

41　United Nations Security Council. "Implementation Assistance Notice No. 7: Guidelines for Obtaining Exemptions to Deliver Humanitarian Assistance to the Democratic People's Republic of Korea," 30 November 2020, accessed 20 March 2021. https://www.un.org/securitycouncil/sites/www.un.org. securitycouncil/files/ian7_updated_30nov20_2.pdf

42　UN Document, S/2020/1259, para. 40, 31 December 2020; UN Document, S/2021/1053, para. 43, 31 December 2021.

43　UN Document, S/2019/971, para. 38, 20 December 2019, UN Document, S/2018/1148, para. 48, 31 December 2018.

44　この特例措置については制裁委員会による書簡に明記されている。例とし

て、Letter from the Chair, Security Council Committee Established pursuant to resolution 1718 (2006) to the Executive Director, United Nations Population Fund,16 April 2021, accessed 13 January 2022, https://www.un.org/securitycouncil/sites/www.un.org.securitycouncil/files/1718_to_unfpa_reply_exemption_amendment_request_16apr21_e.pdf.

45　UN Document, A/76/392, *op.cit.*, para. 7.

46　Kim Tong-Hyung, "WHO starts shipping COVID-19 medical supplies to N. Korea," *AP News*, 7 October 2021, accessed 25 October 2021, https://apnews.com/article/coronavirus-pandemic-world-health-organization-north-korea-united-nations-pandemics-d20a848755f46f78418c3fd8ad4e2ce9.

47　UN Document, A/HRC/46/51, *op.cit.*, para. 49.

48　Jeongmin Kim, "UNICEF says aid has cleared North Korea quarantine, on its way for distribution," *NK News*, January 7, 2022, accessed 8 January 2022, https://www.nknews.org/2022/01/unicef-says-aid-has-cleared-north-korea-quarantine-on-its-way-for-distribution.

Ⅳ

独立論文

7 国際連盟期の平和維持：
大戦再発防止の使命と国境紛争・内戦調停の前面化のあいだ

帯 谷 俊 輔

はじめに

　国際平和維持・構築や領域管理の先例が国際連盟期に見出せることは、連盟研究の進展や連盟評価の向上とともに通説となっている[1]。一方で、連盟規約には、創設後実行に移された国際平和維持活動（PKO）の原型となる活動が起草段階で想定されていたことを示す条文は見出せないのも周知の通りである。先行研究が先例の紹介にとどまることもあり、実のところ創設段階においてほぼ想定されなかった活動が実行されるに至る過程は詳細に検討されていない。

　国際機構が設立条約や憲章に必ずしも則らない活動を展開していく過程については、国際機構法の観点から国連 PKO を一事例としつつ分析されている[2]。本稿は歴史学的手法に則り、第一次世界大戦の結果誕生した連盟の扱うべき紛争・戦争についての当初の認識と創設後実際に直面した紛争の性質が異なったことで、連盟規約では想定外の活動が展開され定着していく過程を描写する。大戦再発防止のために設立された国際機構が国境紛争や内戦に対処し、それに合わせて紛争への対処法も変容したことを論じる。

　国際連盟は大戦の再発防止を最大の目的として設計され、解決すべき紛争の性質も第一次世界大戦の発端を意識したものであり、想定されていたのは中小国間の国境紛争ではなかった。内戦に至っては国際機構が対処すべきも

のと認識されていなかった。それにもかかわらず、始動した連盟はギリシャ＝ブルガリア紛争のような国境紛争やリベリアの政府と被支配民族間の内戦に介入する。それに対応して、紛争解決で連盟が役割を果たすのも抽象的な国際世論の喚起や制裁の実施から、現代の平和維持にも共通する調停や停戦の促進、そのためのミッションや要員派遣などに移っていく。

　そして、特に内戦のように本来対処すべきではないと考えられていた問題に対する認識は、連盟機関の議事録や案件に直接関与する連盟事務局員の作成した文書だけから辿ることは不可能である。連盟周辺の知識人や外交官の議論も参照する。

　平和維持の形態の変遷を考察するうえで、戦間期という時代に由来する制約についても言及する。世界中に軍事力を派遣していたヨーロッパの大国は、第一次世界大戦の疲弊と緊縮財政により新たな海外派兵が困難になっていた[3]。そのため、紛争調停や停戦に関して一定以上の要員・兵力を必要とする場合には、現地や周辺国から調達せねばならなかった。1930年代には当時形成されつつあった地域的枠組みや地域機構と連盟の間で協力が模索される段階にあり、その延長で要員の調達が行われる可能性があった。地域的枠組みとのパートナーシップ構築の模索とその動機についても明らかにしたい[4]。

1　大戦から国境紛争へ

　国際連盟は世界大戦の惨禍を受け、その再発を防ぐことを主目的として創設された。ドラモンド連盟事務総長は1921年に述べている。

　　　首相もエドワード・グレイも、活動中の国際連盟が1914年の時点で存在していたならば戦争は起こらなかったと信じている。私の乏しい見識でもそれに同意する。セルビア問題こそ連盟に持ち込まれなければならなかったものであり、行動に移る前に会議を強制する

手続きの欠けていたことが大戦争の勃発をもたらしたのである。連盟規約はそのような手続きを提供している。承知の通り、戦争が開始され得る以前に、規約の下で諸紛争は会議に提起され遅延措置を経ねばならない。そのため合理的な世論はその力を発揮するに十分な時間を与えられている[5]。

連盟規約は、部分的な武力行使禁止原則とその違反に対する制裁の規定と紛争の平和的解決（調停や国際裁判）の規定が組み合わされている[6]。これらの規定には連合国側から見た第一次世界大戦の経験が投影されていた。例えば連盟規約は規約第12条、13条、15条に依る約束に違反した国に対する制裁を第16条で規定しているが、実際のところ制裁の対象を一義的に決定できる紛争ばかりではなく、開戦、戦争の拡大、連盟の勧告を無視した戦争の継続について責任を負う主体が一致するとは限らない[7]。また、イギリスは紛争の平和的解決に関して、「遅延措置」（規約第12条、仲裁裁判・司法裁判の判決または理事会の報告から3か月経過するまで戦争に訴えることの禁止）と事実関係の調査を重視していたが[8]、「遅延措置」が想定するのは最後通牒や宣戦布告という段階を踏む開戦経緯であり、国境紛争によく見られる偶発的な衝突からなし崩しに拡大する過程においてはあまり有効ではないだろう。さらに、「遅延措置」の間に紛争を解決するのはドラモンド曰く「合理的な世論」でありいささか具体性を欠く[9]。

1920年代前半には相互援助条約案やジュネーブ議定書といった形で侵略の認定や侵略に対する共同防衛、侵略に対する制裁に関する規定を備えることで集団安全保障の強化が図られたが、一方でジュネーブ議定書が紛争の平和的解決手段に関する規定も備えていたように、非懲罰的な紛争解決の具体的手段も模索されていた[10]。

連盟創設直後から、ダンツィヒ自由市とザールラントの管理や国境画定・住民投票に伴う連合国軍や連合国大使会議国境画定委員会の派遣、ヴィリニュスの連盟軍事委員会やメーメルの高等弁務官からアルバニアの連盟調査

委員会まで、連合国や連盟の名義で中東欧の戦後処理の一環として領域管理やPKOの先例となる活動が行われていた[11]。ただし、これらはダンツィヒとザールラントを除き戦後処理が一段落する1925年までには全て使命を終えていたように、あくまで中東欧において戦後処理を実行し新秩序を樹立する作業の一環であったと言える。とはいえ、これらの経験は連盟規約を補完する形での集団安全保障強化が1920年代前半に試みられるなか、具体的な紛争解決手段の規定を模索するうえで参照される。

　イギリスにおける連盟の擁護者として名高く、軍縮に関する「暫定混合委員会」に出席していたロバート・セシル（Robert Cecil、1923年以降は子爵［Viscount Cecil of Chelwood］）は、被侵略国に対する援助の制度化を進めることで軍縮の促進を図り、相互援助条約案を提起した。一方で、セシルは被侵略国の援助にあたって侵略国の認定が難しいことも認識しており、解決策として打ち出したのが連盟理事会の派遣するコミッショナーが管理する非武装地帯の設定であった。非武装地帯への侵攻やその領域における軍事動員がなされていれば侵略国だと認定できるというのである。また、非武装地帯の設定とコミッショナーの派遣は、偶発的衝突やなし崩しの衝突拡大を防ぐ具体的な紛争解決の手段であった。さらには派遣や維持のコストなどの困難を自覚しつつも、非武装地帯に「常設国際憲兵隊（permanent International gendarmerie）」「国際部隊（International force）」を創設すればより効果的な安全保障となり、軍縮の速やかな進展を望めるとした[12]。

　この構想はアド・ホックな形式ではなく、紛争抑止の役割を果たす国際安全保障の重要な一部として、また地域を限定せず普遍的に適用可能なモデルとして提示されたところに特徴があった。

　しかしながら、相互援助条約案にはイギリスにおいても外交一元化を図る外務省、そしてセシル自身も構成員のボールドウィン（Stanley Baldwin）政権が否定的であった。最終的に労働党への政権交代を果たしたマクドナルド（Ramsay MacDonald）政権が廃案の止めを刺す[13]。相互援助条約案と紐づけられたセシルの非武装地帯設定の構想もまた日の目を見ることはなかっ

た。

　結局、停戦を保証する連盟の人員派遣が一つのモデルとして確立されたの
はギリシャ＝ブルガリア紛争における「ランボルド委員会」という調査委員
会の派遣であった。イギリスの駐スペイン大使ホレス・ランボルド
（Horace Rumbold）を委員長に、フランスとイタリアの軍人、及びスペイ
ンとオランダの文民から構成された。調査の結果としてギリシャに賠償を命
じるとともに、国境の両側に同一国籍（スウェーデン）の中立要員を２年間
置き、両国の国境守備隊の再編を援助すること、そして不慮の衝突などの緊
急事態に備えて調停委員会を設置し、これに両国の国境守備隊の代表と２人
の中立要員が参加することを勧告して両当事国に受け入れさせた[14]。

　このギリシャ＝ブルガリア紛争は、連盟が規約第11条による調停に重心
を明確に移す画期となった[15]。英仏の外務省は当事国のどちらに開戦の責任
があるかは副次的な問題であり衝突の拡大抑止と停戦こそが重要だと考えて
いた。開戦責任の精査を伴う懲罰・制裁よりも偶発的衝突となし崩しの拡大
抑止を優先する国境紛争型の調停モデルがここで定着したのである。ギリ
シャ＝ブルガリア紛争の対応は、満洲事変時のイギリス外務省においても過
剰な踏襲が懸念されるほど、絶対的な先例として確立されていた[16]。

　このギリシャ＝ブルガリア紛争モデルが英仏はじめ常任理事国に好都合
だったのは、調査委員会で主導権を確保しつつ、緊縮財政や軍縮と矛盾する
多数の人員・兵員を派遣する行為の必要が無く、停戦監視においても中小国
の人員をわずかに派遣すれば済むことだった。とはいえ、停戦監視や紛争地
帯の治安維持に多数の人員が必要なケースは当然存在する。満洲事変やレ
ティシア紛争（コロンビア＝ペルー紛争）である。前者では、実現しなかっ
たものの特別憲兵隊による治安維持が想定されており、特別憲兵隊には外国
人顧問が付されつつ中国人主体で構成されるものと考えられていた。後者で
は、連盟の指名したレティシア委員会の指揮下でコロンビア軍から選ばれた
150人が連盟の腕章を着用して治安維持に当たり、係争地域のコロンビア施
政への移管を成功に導いた[17]。

満洲の治安維持を行う特別憲兵隊が中国人主体の構成と想定され、レティシア委員会指揮下の部隊が紛争当事国たるコロンビアの兵員提供により成り立っていたのは、欧州の大国の海外派兵が困難になるなかで、停戦監視や紛争地帯の治安維持に当たる要員も現地で調達せざるを得ないことを意味していた。そうしたなかで数少ないオルタナティブとして地域的枠組みの存在が浮上することは後述する。

2　内戦は国際問題か？

先述したように、連盟の創設過程で大戦の再発防止が組織の主目標とされていたことはもう一つの帰結を生み出した。国際平和に脅威をもたらし得る存在としての内戦がほとんど顧みられなかったことである。

第一次世界大戦の終戦後、オーストリア＝ハンガリー帝国やロシア帝国、ドイツ帝国、オスマン帝国の崩壊と秩序再編のなかで暴力と殺戮、内戦の嵐が 1923 年頃まで吹き荒れた[18]。そうしたなかで連盟は、中東欧や中東で保健衛生から難民、女性・児童の人身売買まで社会問題については創設前の想定を超えて活動を展開している[19]。とはいえ、惨禍の原因たる内戦を始めとした国内の暴力そのものには立ち入っていない。

1920 年代後半に入り、中国の内訌が「軍閥」混戦に加え、正統政府の座を争う国民政府による北京政府打倒への試みに発展した際（「北伐」）にも、連盟支持者として高名な古典学者であるギルバート・マレー（Gilbert Murray）国際連盟同盟（League of Nations Union）執行委員会議長は、「中国における多数の督軍間の戦闘は内戦であって国際的なものではない。連盟の任務は国際問題に関わることである」とした。内戦への介入は「連盟の権限の拡大解釈」であり「非常に例外的な状況」でしか正当化され得ないという[20]。こうした認識に変化をもたらしたのは二つの回路であった。まずは内戦の惨禍への人道主義的関心であり、もう一つは 1927 年にイギリスが権益を守るために上海防衛軍を派遣したことである。

　北伐により引き起こされた華北の飢饉に対する関心が高まった結果、赤十字社連盟が理事会に対して財政支援の形で救済に協力を求める動きがあった。これに対して国民党員であった連盟事務局職員の夏奇峰は強硬に反対した。国際救援委員会が飢饉の悲惨な状況を伝えれば、和平の機運が高まり劣勢の北京政府に利用されると言うのである。加えて、介入により国民政府を反連盟にするとその政権掌握後に支障をきたすと主張して協力の阻止に成功している[21]。

　内戦により引き起こされる人道的危機への関心が国際機構に持ち込まれるとともに、夏奇峰の反発が物語るように人道主義的救済もまた内戦の帰趨に影響を与え得る。当然ながら人道的危機の解消にはその原因である内戦それ自体に突き当たらざるを得ない。

　また、1927年1月に決定された約13,000人という戦間期イギリスには稀な大規模海外出兵である上海防衛軍の出動は[22]、内戦下の国家への派兵として国際主義者たちの想像力を大いに刺激した。内戦そのものの解決ではなく内戦から権益を守るためであるが（そのため「国際問題」になる）、ギルバート・マレーは上海防衛軍の連盟軍への改組を提案している。連盟規約第11条を適用したうえで上海防衛軍を「国際軍（international force）」として、連盟がその指揮を執るというものであった。この「国際軍」は、上海に兵力を持つ外国政府及び国民政府側に協力を依頼するべきだとされた。もし国民政府側が拒否して流血の事態が発生しても、それは「世界の警察」に対する攻撃である。現地勢力として連盟で代表権を持たない国民政府との協力が想定された点も画期的であった[23]。

　さらにマレーとは異なり、上海防衛軍の出兵に刺激されながら内戦そのものに対処する発想がイギリス外務省内には生まれていた。連盟が中国における安定政権の樹立を促すためには「連盟指揮下の軍隊」の存在が必要であるというものである。国連がPKOと国家建設支援を結びつけることに類似した発想だと言える。あくまで実行可能性を無視した机上の議論として展開されたとはいえ先駆的構想であるのは間違いない[24]。

　このような発想は、必ずしもイギリス外務省が孤立して抱いていたもので
はないようである。日本の植民政策学者・国際法学者である泉哲は、連盟に
よる中国の秩序回復を構想していた。泉によれば、中国の安定化と政治組織
改革には外部の力を借りねばならないが、日本の単独干渉は列国の猜疑と中
国の怨みを招き、列国の共同干渉も「関係国本位」となり公平ではない。そ
こで「連盟の武力」による「秩序維持」を行いながら「連盟最高委員」が地
方軍事勢力の武装解除を実行し、憲法制定を始めとした「国家組織」の整備
に移り、完了すれば撤退するべきだとする。国連による紛争国の国家建設支
援を先取りした構想だと言えよう[25]。

　イギリス外務省ではより穏当な選択肢も議論されていた。極東部会議の結
果、マイルズ・ランプソン（Miles Lampson）駐華公使に意見が求められた
が、そこでは中国内の南北和平の動きを促進するよう連盟が斡旋できないか
についても検討が要求された[26]。

　それに対しランプソンは、「私の知る限り、連盟はまだいずれの国の国内
紛争や内乱にも調停するために介入したことはない」と再確認する。そのう
えで重要なのは中国側の態度であった。ランプソンは特に国民政府側が連盟
の介入を嫌うと考えていた。内戦への介入は北伐を中止させることで北京政
府を守ることが目的だと疑われ、その疑念は連盟で代表権を維持しているの
は北京政府だという事実により高められているのだという[27]。

　内戦に影響を与え得る介入が現在優勢な立場にある勢力から恨みを買いか
ねず、その勢力による政権掌握後の関係に影響を及ぼしかねない点が懸念さ
れていた。そのため、1928 年 6 月に国民政府が北京政府を打倒して一応の
全国統一を遂げるまで、連盟が介入を行うことはなかった。その後に連盟が
乗り出したのはポスト内戦期の中国に対する農村建設や水路の整備、保健衛
生や文化教育にまで至る技術協力事業である[28]。ここでは連盟事務局が、南
京国民政府の実質的統治領域の狭隘さや、国民政府内の争いと諸「軍閥」の
存在が連動し不安定な状態にあることも把握しながら（実際に 1930 年半ば
には中原大戦が勃発する）、中国が近代化と統一に向かうポスト内戦国家で

あるとみなす政治的判断を行っていた。北伐後の中国というポスト内戦国家、そして中原大戦が勃発したように内戦再発の可能性を常に孕んだ国家の再建に連盟は自覚的に関わるに至ったのである[29]。

3　リベリア・ミッション

　中国を皮切りに、1920年代末から1930年代半ばに至る時期に非ヨーロッパの国家に対して連盟は技術協力を展開し始めていた。例えば1930年にボリビアの保健衛生制度改革の調査のために後述する連盟保健部のメルヴィル・マッケンジー（Melville Mackenzie）を派遣している。1933年にはシャムのバンコク港の拡大整備及びチャオプラヤ川の改良について治水専門家を派遣した[30]。

　開発協力の起源であるこうした活動は国家の近代化促進を目指したものであった。それだけに、近代化を阻害しているのが内戦であると捉えられた場合には原因そのものに取り組むことが求められる。そうした経過を辿ったのがマッケンジーの派遣されたリベリア・ミッションであった。

　少数派ながら支配的地位に立つアメリカから移住した解放奴隷の子孫（アメリコ・ライベリアン）と先住民族の間で対立を抱えたリベリアには、奴隷制に近い慣行が残存しているという疑いがかけられていた。1930年に連盟が調査委員会を派遣すると、強制労働や強制的な労働力輸出の事実が発覚し、統治の紊乱も問題視された。内政改革のために連盟が乗り出し、1931年に3人の専門家が派遣されたがそのうち公衆衛生を担当する1人がマッケンジーであった。イギリス出身の熱帯医学・疫学の専門家であるマッケンジーは公衆衛生改革に携わるのみならず、その専門と職掌を超えたミッションを与えられる[31]。

　リベリアでは1931年から政府に対するクル人の反乱が勃発し、同時に土地や境界をめぐって「部族」間でも抗争が開始された。18の「部族」が関わり44の街が炎上したという。マッケンジーは「国際連盟クル海岸特別コ

ミッショナー」に任じられると 1932 年 6 月に首都モンロビアに到着し、公式にリベリア政府から「部族」間の調停という名目で依頼を受けた。マッケンジーは翌月から紛争地域のクル海岸に赴いて 2 か月間滞在し、政府軍からの身の安全を保証したうえで「部族」の長たちと接触した。結果、1 年間の停戦とクル人諸「部族」の武装解除、捕虜の解放、リベリア政府の兵力削減、「部族」間の境界の確定で合意した。「部族」間の境界も含めた土地問題については暫定的なものであり、停戦期間中に政府の派遣する土地委員会が解決することにより、恒久的な平和を実現するとされた[32]。

　マッケンジーは停戦が 1 年間の時限的なものである以上は、リベリア政府が中央、地方双方でクル海岸統治の抜本的な改革を行わなければ「恒久的な平和」は訪れず、さらにその改革には外部からの資金面も含めた援助が必須だと考えていた。秩序の安定・平和と統治の改善はお互いに固く結びついており、どちらか一方のみでは成立しないことが強く自覚されていたと言えよう[33]。

　同時にマッケンジーが外部からの援助を「白人の援助（white assistance）」と表現したように、人種間ヒエラルキーの力学や帝国意識がこの問題において働いていたのも間違いない[34]。しかしながら、国際管理や委任統治への移行が何度も検討されながらそうならなかったことが重要であり、リベリアには一定の主体性が存在していた[35]。

　外国人顧問の監督下での徹底的改革を連盟は求めたが、リベリア政府は長期の交渉後にそれを拒否した。リベリア政府はほぼ同時にクル人への弾圧を開始する。連盟リベリア委員会委員長のセシルが記したように、「結果として、連盟の介入の唯一の成果は 1 年もしくは 18 ヶ月にわたる停戦のようなものとクル人の武装解除のみであり、それは彼らをリベリア政府の酷い扱いのなすがままにすることにつながっている」としか言いようがない顛末であった[36]。そしてリベリア政府は連盟とアメリカの影響力を軽減するために、エコノミストや微生物学者といったポーランド人顧問を受け入れ財政や保健衛生の改革を進めていく[37]。

クル人の武装解除を迅速に進めた一方で、1年の停戦期間中で包括的な改革を行おうとして頓挫したこと、そして改革案に伴う援助がリベリアにとっての停戦維持のインセンティブだったために改革案が頓挫すると停戦も崩壊したことなど、国際平和維持として大きな問題があったのは間違いない。しかしながら、この連盟によるクル海岸ミッションは、内戦が国際問題ではないという前提を完全に突き崩していた。連盟の開始した国家建設の援助には、当然ながら内戦の勃発は最大の障害になる。マッケンジーの言うように内戦再発の防止には内政改革が必要であり、内政改革は内戦の停止を前提にせねば成り立ち得ない。国際機構が国家建設支援に乗り出せば必ず突き当たる問題が、すでに連盟期において取り組まれていたのである。

4　パートナーシップの模索から再び大戦へ

先述したように、国境紛争であったギリシャ＝ブルガリア紛争の事例は、1920年代後半〜1930年代前半に紛争解決の標準モデルとなった。しかしながら、ギリシャ＝ブルガリア紛争のように停戦監視や係争地帯の管理への要員確保が困難ではない紛争ばかりではなく、1930年代に入るとその調達方法が問題になる。

戦間期はもう一つの多国間主義として地域主義が発達を遂げた時代でもあり、米州では第一次世界大戦以前から存在するパン・アメリカ会議やパン・アメリカ連合がアメリカの特権性を薄めながら機構化の度合いを強めてきた[38]。

1932年以降本格化したチャコ紛争（パラグアイ＝ボリビア紛争）では、当初連盟と地域的枠組みが管轄権をめぐって競合したものの、1933年秋にはほぼ連盟に紛争調停の主導権が収斂し、ギリシャ＝ブルガリア紛争モデルに則ったチャコ委員会を派遣した。チャコ委員会の派遣中には開会中の第7回パン・アメリカ会議が公式にチャコ委員会との協力を表明した。紛争調停の段階では連盟と地域的枠組みのパートナーシップが成立したと言えよう。

　しかしながら、チャコ委員会の調停は年末年始の休戦などを実現するにと
どまり、最終的には失敗する。その後連盟はパラグアイ、ボリビア両国への
武器軍需品の供給禁止措置を実行するが、これも周辺諸国の協力が必須とさ
れた。そして連盟は 1934 年 11 月から特別総会を開催して両交戦国への勧告
を採択する。そこでは停戦を監視する「中立監視委員会」がブエノスアイレ
スに設置され、アルゼンチン、チリ、ペルー、ウルグアイ、そして連盟が協
力を希望する 2 カ国（連盟非加盟国アメリカとブラジル）から委員を派遣す
ると規定されていた[39]。近隣諸国の協力を得、非加盟の地域大国を巻き込む
必要性に加え、米大陸に米州諸国以外から停戦監視要員を確保するのは難し
かったこともこうした構成となった理由に挙げられるだろう。平和維持にお
ける地域的枠組みとのパートナーシップの確立は要員確保の面からも好都合
だったのである。

　地域的枠組みとのパートナーシップの構築がアド・ホックに進んだ点はポ
スト冷戦期の国連と共通する。ただし、この結果は管轄権の競合の末の均衡
点でもあったため、地域的枠組みが優位に立てば連盟を尊重せず、単なる地
域内解決に移行する可能性が存在した。

　そうした状況で、註 7 でも触れたように、開戦責任を等閑視しながら総会
勧告を拒否したパラグアイのみに対して武器軍需品の供給禁止措置を継続し
たことが、パラグアイの脱退を招いた。そして、以後の調停と平和維持はま
さに連盟の下で中立監視委員会を構成するはずだった 6 カ国が担当し、成功
を収めたのであった。1930 年代前半に成立しかけた連盟と地域機構の紛争
調停や平和維持におけるパートナーシップであるが、1930 年代後半に確立
したのは地域主義の優勢であった。

　そしてこの頃には、連盟において関心はいったん後景化されていた集団安
全保障に移り始めていた。連盟改革の焦点は連盟規約第 16 条に依る制裁の
是非であり、国境紛争型の平和維持ではなかった。日独伊による現状打破の
動きが強まっていくなか、協議による平和を模索し続ける勢力と対立しなが
ら（「協議的連盟」）、集団安全保障の強化による大戦の再発防止が連盟の任

務として再び浮かび上がってきたのである（「強制的連盟」）[40]。

　国境紛争型の平和維持のみならず、内戦を平和や国家建設への脅威、もしくは人道的危機をもたらす国際問題としてみなし、国際機構が関与すべきものとして捉える視点も、人民戦線—ファシズム陣営という構図に結合した国際化された内戦であるスペイン内戦によって後退する。「不干渉」が国際社会の方針として掲げられ、ロンドンに「不干渉委員会」が設置された。独伊が大規模に反乱軍支援を行う状況では政府軍に不利であるにもかかわらず、硬直化した不干渉原則が確立される。連盟は保健ミッションの編成、国際義勇軍の撤退検証や、難民問題の議論、地中海の輸送船問題の国際会議開催を行うなど何もしなかったわけではない。しかし、不干渉の原則化に抵抗しなかったことは内戦への不介入の規範化を後押しした。さらに、集団安全保障強化の主張が人民戦線運動と結びついたことにより、内戦への対応は固有の問題領域としての性質を失い、スペイン内戦の教訓も集団安全保障論の文脈に吸収されたことを指摘できるだろう[41]。

　1930年代後半、連盟において国境紛争や内戦に関し積み上げた議論や経験はすでに後景化し、大戦再発防止のための集団安全保障の是非に論点は収斂していた。連盟の末期に至り、集団安全保障に文脈を限定されたうえで連盟「失敗」の教訓が形成されたのである[42]。

おわりに

　連盟の「成功」であったはずの平和維持活動の経験は、国連憲章の起草過程では参照されなかった。国連の創設者たちは、制裁を中心とした集団安全保障という狭められた文脈で「失敗」の教訓を汲み取ることに専心した。彼らの目標は世界大戦の再発防止であり、国連はそれを念頭に設計された[43]。

　しかしながら、大国一致の運営を前提とした安全保障理事会が冷戦の進展とともに麻痺することで、国連は変容を余儀無くされる[44]。そして国連も創設後すぐ、連盟と同じく集団安全保障システムに基づく懲罰・制裁よりも調

停や平和維持の適合的な諸紛争に直面した。国境・境界型紛争への対処が喫緊の課題となったのである。1948、1949 年にはすでに、いずれもイギリス帝国の脱植民地化に伴う境界紛争について、パレスチナの国連休戦監視機構（UNTSO）や国際連合インド・パキスタン軍事監視団（UNMOGIP、1951 年までは国連インド・パキスタン委員会［UNCIP]）が設置されている。連盟期より好条件だったのは、停戦監視要員として現地勢力か近隣諸国を中心にした地域的枠組みのみならず、交通通信手段の発達もあり遠隔な中小国に頼れたことであろう（UNMOGIP の最初のオブザーバー派遣国はベルギー、カナダ、メキシコ、ノルウェー、アメリカ）。カナダがコモンウェルスの安定のため平和維持活動の担い手となったことも注目に値する[45]。連盟期に地域的枠組みとのパートナーシップが模索された理由の一つは遠隔地における要員確保であった。遠隔でも中小国が要員を派遣するならば、地域的枠組みとの協力は近隣諸国への依存により中立性を減じる可能性もあるため優先度は後退した[46]。

　一方で、内戦に関しては国内管轄事項への不干渉を規定した憲章第 2 条 7 項が国連の冷戦期における内戦介入を抑制していた[47]。とはいえ、第二次世界大戦終戦直後、国際機構は内戦に実際の活動のなかで突き当たっている。

　戦災からの復興を援助する連合国復興救済機関（UNRRA）は、中国においても 1944 年から活動を開始した。だが国土の荒廃を伴う対日戦勝は切れ目なく国共内戦の激化につながっていく。UNRRA は国民政府のみならず、共産党支配地域に設置された中国解放地域救済機関（CLARA）にも限定的とはいえ援助を割り当てた[48]。

　しかし、内戦状態において活動するうえで UNRRA の掲げた「無差別原則」は内戦が激化するほど脅かされた。国民政府は共産党支配地域への物資輸送を妨害し、戦闘地域に入る UNRRA の要員の安全は保証されなかった。1947 年半ばまでに満洲や華北での活動はままならなくなる。UNRRA の「中立的プログラム」の運営は華北においてはもはや中立性を損なう「政治的関与」無くして困難であると認識されていた[49]。

連盟期の北伐の飢饉対策構想と同じく、人道的救済も内戦状況においては政治的含意を持たざるを得なかった。直面する状況と課題は連盟と国連で驚くほど変わっていない。結局は連盟も国連も、集団安全保障より国境や境界をめぐる紛争における平和維持で存在感を発揮した。そして、開発協力で国家建設を促進するためには内戦を収拾しその再発を防がなければならない。内戦それ自体に関わるつもりがなくとも、人道的救済や開発協力を行うならば内戦を収めず目標を達成することはできない。そして、平和構築で人員不足が生じれば地域的枠組み・機構に協力を求める点も連盟と冷戦後の国連は共通する。

　類似した状況と課題に直面した創設後の国連で連盟の経験がどのように具体的に生かされたのか、人的継続性に着目し今後の課題としたい[50]。

＊本稿は、日本国際政治学会 2020 年度研究大会部会 11「平和構築と国際秩序」（2020年 10 月 25 日）における報告論文「国際連盟期の平和維持——大戦・国境紛争・内戦」を改稿したものであり、2019 年度日本学術振興会科学研究費助成事業（特別研究員奨励費）による研究支援の成果の一部である。

注

1　山田哲也『国連が創る秩序——領域管理と国際組織法』東京大学出版会、2010年。Alan James *Peacekeeping in International Politics*（Basingstoke: Macmillan, 1990). 臼杵英一「PKO の起源——国際連盟レティシア委員会（1933-1934 年）」『軍事史学』第 42 巻 3・4 合併号、2007 年、27-56 頁。等松春夫「帝国からガヴァナンスへ——国際連盟時代の領域国際管理の試み」緒方貞子、半澤朝彦編『グローバル・ガヴァナンスの歴史的変容——国連と国際政治史』ミネルヴァ書房、2007 年、75-105 頁。

2　Guy Fiti Sinclair, *To Reform the World: International Organizations and the Making of Modern States*（Oxford: Oxford University Press, 2017/2019）.

3　イギリスについては、ポール・ケネディ、山本文史訳『イギリス海上覇権の盛衰 下巻——パクス・ブリタニカの終焉』中央公論新社、2020 年、第 10 章。三

谷太一郎は、緊縮財政を前提とした国際金融提携が軍縮を伴う国際協調をもたらしたとする。国際協調が 1920 年代半ば以降の連盟の安定を実現するとともに、それと不可分の緊縮と軍縮が平和維持における要員調達を難しくしたと言えようか。三谷太一郎『ウォール・ストリートと極東——政治における国際金融資本』東京大学出版会、2009 年。

4　近年の国連と地域機構の国際平和活動における協力関係については、「パートナーシップ」という概念が用いられている。篠田英朗『パートナーシップ国際平和活動——変動する国際社会と紛争解決』勁草書房、2021 年。本稿では、紛争調停や停戦監視における連盟と地域的枠組み（地域会議や委員会など地域機構ほどの組織性を持たないものも含む）の協力関係を指している。

5　E. Drummond to A. Balfour, June 29, 1921, File 3, P 81: Drummond Papers, League of Nations Archives, Geneva. ドラモンドの母国イギリスの当時の首相はロイド・ジョージ（Lloyd George）であり、グレイ（Edward Grey）は大戦勃発時の英外相である。

6　西平等『法と力——戦間期国際秩序思想の系譜』名古屋大学出版会、2018 年、121-140 頁。Martin Ceadel, "Enforced Pacific Settlement or Guaranteed Mutual Defence? British and US Approaches to Collective Security in the Eclectic Covenant of the League of Nations," *The International History Review*, vol. 35, no. 5, 2013, pp. 993-1008.

7　チャコ戦争（パラグアイ＝ボリビア紛争）において 1932 年以降の武力衝突の発端はボリビアの側による要塞奪取だったが、連盟は開戦責任を問わず、1934 年 11 月の規約第 15 条に依る連盟総会の勧告を拒絶したパラグアイのみに武器禁輸措置を維持したためパラグアイの脱退を招いた。Bruce W. Farcau, *Chaco War: Bolivia and Paraguay, 1932-1935* (Westport: Praeger, 1996). 帶谷俊輔『国際連盟——国際機構の普遍性と地域性』東京大学出版会、2019 年、第 4 章。

8　Ceadel, *op. cit.*

9　この頃は連盟の創設者たちも依っていたエリート主義、啓蒙主義的な世論観がより「民主」的な理解、そして大衆社会の進展による世論そのものへの懐疑に取って代わられ始める時期でもあった。Stephen Wertheim, "Reading the International Mind: International Public Opinion in Early Twentieth Century Anglo-American Thought," in *The Decisionist Imagination: Sovereignty, Social Science, and Democracy in the 20th Century*, eds. Daniel Bessner and Nicolas

Guilhot (New York: Berghahn Books, 2019), pp. 27-63.

10 西、前掲書、125-135 頁。

11 James, *op. cit.*, pp. 23-39, 75-79.

12 "Note on the Working of a General Treaty of Mutual Guarantee," December 21, 1922; "Memorandum on the Establishment of Demilitarized Frontier Zones as an Additional Means of Security" by R. Cecil, Folder 21, Box 86, Thomas W. Lamont Papers, Baker Library, Harvard Business School, Boston. 双方とも P. N. Baker to T. Lamont, April 5, 1923 に付属。

13 Gaynor Johnson, *Lord Robert Cecil: Politician and Internationalist*, Farnham: Ashgate, 2013, pp. 128-137.

14 James Barros, *The League of Nations and the Great Powers: The Greek-Bulgarian Incident, 1925* (Oxford: Clarendon Press, 1970). James, *op. cit.*, pp. 40-42. F. P. Walters, *A History of the League of Nations* (Oxford: Oxford University Press 1952/1960), pp. 311-314. Twelfth Meeting (Public), Thirty-seventh Session of the Council, December 14, 1925, *League of Nations Official Journal*, vol. 7, no. 2, pp. 172-177.

15 帯谷俊輔「「強制的連盟」と「協議的連盟」の狭間で——国際連盟改革論の位相」『国際政治』第 193 号（2018 年）、78-79 頁。

16 Barros, *op. cit.*, pp. 31-33, 123-125.

17 等松、前掲論文、92-95 頁。臼杵、前掲論文。

18 ローベルト・ゲルヴァルト、小原淳訳『敗北者たち——第一次世界大戦はなぜ終わり損ねたのか 1917-1923』みすず書房、2019 年。

19 David Macfadyen, et al., *Eric Drummond and His Legacies: The League of Nations and the Beginnings of Global Governance* (Basingstoke: Palgrave Macmillan, 2019), pp. 138-142.

20 *The Times* [London], January 18, 1927. マレーは「二〇世紀前半のイギリスで最も聡明で最も著名な学者」であり、娘婿アーノルド・トインビー (Arnold J. Toynbee) と同じく、文明論の延長線上で戦争と平和、国際秩序論を語り影響力を持っていた。リチャード・オヴァリー、加藤洋介訳『夕闇の時代——大戦間期のイギリスの逆説』九州大学出版会、2021 年、38-40、181-182 頁。

21 帯谷俊輔「杉村陽太郎と日本の国際連盟外交——連盟事務局内外交とその帰結」『渋沢研究』第 30 号、2018 年、31-32 頁。

22 後藤春美『上海をめぐる日英関係 1925-1932 年——日英同盟後の協調と対抗』東京大学出版会、2006 年、98-105 頁。

23 G. Murray to R. Cecil, February 19, 1927; *ibid.*, February 20, 1927, Add.51132, Cecil of Chelwood Papers, British Library, London.

24 Memorandum by W. Strang, December 22, 1927, F 9267/2/10, FO 371/12411; Minute by W. Strang, January 7, 1928, F 65/65/10, FO 371/13198, The National Archives [hereafter TNA].

25 泉哲「支那の秩序恢復と国際連盟」『国際知識』第 8 巻 6 号（1928 年 6 月）、15-16 頁。泉哲は、共同出兵や軍事同盟の延長線上で「国際警察」を研究するとともに、主権・独立の問題を棚上げにしつつ朝鮮や台湾の自治を主張するリベラルな植民政策学者でもあった。帶谷俊輔「多義化する「新外交」——東アジアにおけるウィルソン主義と国際連盟観の対立」『東アジア近代史』第 24 号（2020 年）、54-55 頁。浅田喬二『日本植民地研究史論』未来社、1990 年、第 3 章。

26 M. Lampson to F. O., December 15, 1927; F. O. to M. Lampson, December 31, 1927, F 9267/2/10, FO 371/12411, TNA.

27 M. Lampson to F. O., January 5, 1928, F 65/65/10, FO 371/13198, TNA. この時期の中国代表権問題については、帶谷、前掲書、第 2 章。

28 張力『国際合作在中国——国際連盟角色的考察、1919-1946』中央研究院近代史研究所、1999 年。後藤春美『国際主義との格闘——日本、国際連盟、イギリス帝国』中公叢書、2016 年。

29 帶谷、前掲書、72 頁。

30 David Macfadyen, "The Genealogy of WHO and UNICEF and the Intersecting Careers of Melville Mackenzie (1889-1972) and Ludwik Rajchman (1881-1965)," MD thesis, University of Glasgow, 2014, pp. 104-120. Stefan Hell, *Siam and the League of Nations: Modernisation, Sovereignty and Multilateral Diplomacy 1920-1940* (Bangkok: River Books, 2010) pp. 49-50.

31 Michael D. Callahan, *A Sacred Trust: The League of Nations and Africa, 1929-1946* (Brighton: Sussex Academic Press) 2004, pp. 55-62; Ibrahim Sundiata, *Brothers and Strangers: Black Zion, Black Slavery, 1914-1940* (Durham: Duke University Press, 2003/2004).

32 "Request for Assistance submitted by the Liberian Government: Dr. Mackenzie's Mission to the Kru Coast," League of Nations, C. 662. M. 319. 1932.

VII, September 24, 1932 [https://archives.ungeneva.org/0000676828-d0010], "UN Archives Geneva." M. D. Mackenzie to Paramount Chief and Speaker, July 5, 1932, File 6, Box 2, Mackenzie Collection: MS 380483, School of Oriental and African Studies Archives, University of London, London. 連盟側は諸「部族」の集合体（the Kru tribes）としてクル人を理解していた。

33　M. D. Mackenzie to E. Drummond, July 22, 1932, File 6, Box 2, Mackenzie Collection: MS 380483, School of Oriental and African Studies Archives, University of London. リベリアの場合、1926年にアメリカのファイアストン社（Firestone Tire and Rubber Company）から最大100万エーカーの土地などの権益と引き換えに500万ドルの借款を受けるとされており、連盟の改革案に借款の条件の再交渉を伴ったのが事態を複雑にしていた。Callahan, *op. cit.*, pp. 55-56. Sundiata, *op. cit*, Chaps. 4-6.

34　M. D. Mackenzie to E. Drummond, July 22, 1932, File 6, Box 2, Mackenzie Collection: MS 380483, School of Oriental and African Studies Archives, University of London. リベリアが槍玉に挙げられた一方でその周辺の植民地における強制労働が看過されたことなどから、リベリアやエチオピアが連盟で置かれた従属的な地位を強調するのは、Adom Getachew, *Worldmaking after Empire: The Rise and Fall of Self-Determination*（Princeton: Princeton University Press）2019, pp. 52-67.

35　Callahan, *op. cit.*, pp. 55-62.

36　*Ibid*, p. 56. R. Cecil to M. Peterson, February 28, 1934, J 585/49/24; A. C. Routh to J. Simon, March 6, 1934, J 714/49/24, FO 371/18040, TNA.

37　Piotr Puchalski, "The Polish Mission to Liberia, 1934-1938: Constructing Poland's Colonial Identity," *The Historical Journal*, vol. 60, issue 4, 2017, pp. 1071-1096.

38　以降、帶谷、前掲書、第4、5章を参照。

39　同上、156頁。Consul Patteson to F. O., November 15, 1934, A 9079/4/51, FO 371/17445, TNA.

40　帶谷、前掲「「強制的連盟」と「協議的連盟」の狭間で」、第3節。規範形成の面から戦争違法化や集団安全保障における連盟と国連の継続性を重視したものとして、篠原初枝『戦争の法から平和の法へ──戦間期のアメリカ国際法学者』（東京大学出版会、2003年）。本稿は、第1節でも触れた西平等の戦争違法化と

紛争の平和的解決の規定の弁別に則ったうえで、1920 年代における前者から後者への重心の移行、後者において想定される紛争の態様や紛争処理の方法の変容に焦点を当て、1930 年代に前者と結びつく集団安全保障への「回帰」が起きたと捉えるものである。

41 Richard Veatch, "The League of Nations and the Spanish Civil War 1936-9," *European History Quarterly*, vol. 20, no. 2. 1990, pp. 181-207. 斉藤孝『第二次世界大戦前史研究』東京大学出版会、1955 年、第 4 章。

42 一方で、アメリカが自国世論を納得させられる形での戦後の対外介入継続と強力な普遍的国際機構の創設を結び付ける 1942 年頃までは、普遍的国際機構の経済社会領域への限定化が有力な選択肢であったことに注意する必要がある。ただしこれも、集団安全保障や集団防衛を担う地域協定や地域機構、もしくは英米同盟の組み合わせが前提であり、やはり集団安全保障論の文脈に回収されたものであった。Stephen Wertheim, *Tomorrow, the World: the Birth of U. S. Global Supremacy* (Cambridge: Belknap Press of Harvard University Press, 2020). 帶谷、前掲書、192-198 頁。

43 最上敏樹『国際機構論講義』岩波書店、2016 年、99-100 頁。Neil Briscoe, *Britain and UN Peacekeeping 1948-67* (Basingstok: Palgrave Macmillan, 2003) p. 19.

44 西崎文子『アメリカ冷戦政策と国連 1945-1950』東京大学出版会、1992 年。早くも 1940 年代後半にアメリカでは国連改革運動が盛り上がっており、それが総会中心で集団防衛を正当化する国連の模索につながった。

45 Briscoe, *op. cit*, Chap. 2. Matthew Trudgen, "Above the Rooftop of the World: Canadian Air Operations in Kashmir and Along the India–Pakistan Border," in *Air Power in UN Operations: Wings for Peace*, ed. A. Walter Dorn (Farnham: Ashgate Publishing, 2014).

46 国連 PKO の中立性とパートナーシップの関係については、篠田、前掲書、第 3 章。

47 楢林建司「内戦に対する国際連合の介入機能——冷戦終結前の諸事例の検討」『愛媛法学会雑誌』第 21 巻 2 号（1994 年）、75-110 頁。

48 アマンダ・ケイ・マクヴェティ、山内一也訳『牛疫——兵器化され、根絶されたウイルス』みすず書房、2020 年、第 3 章。

49 "Appendix C: Resolution on Political Neutrality from Brethren Service Unit

Conference," Minutes of the Conference of the Brethren Service Unit held 12 to 15 August 1947 at Hangchow, Chekiang, File 1, United Nations Relief and Rehabilitation Administration Documents, Yenching Library, Harvard-Yenching Institute, Cambridge.

50　例えば UNMOGIP の原型となる国際中立軍の派遣構想には、外務省で連盟担当を約 10 年も務めたイギリスの国連常駐代表アレクサンダー・カドガン（Alexander Cadogan）が関わっている。Briscoe, *op. cit.*, p. 16, 31.

V

書評

8 竹内俊博・神余隆博編著『国連安保理改革を考える：正統性、実効性、代表性からの新たな視座』

（東信堂、2021 年、xxii ＋ 332 頁）

植 木 安 弘

　国連の集団安全保障体制の根幹にある安全保障理事会（安保理）は、国際法上自衛の権利を除いては唯一武力の行使を含む強制行動を発動できる機関である。その機関が正統性を持ち、有効に機能できるかは、その中枢にある5常任理事国が国際平和と安全のために協調して国際社会をリードできるかにかかっている。しかし、国連創設当時とは異なる国際政治環境の中で、「大国による協調」が必ずしも機能しているわけではないため、その正統性、実効性、代表性を維持するために安保理を現代の国際政治力学を反映させる形で改革するための作業がここ 30 年近く面々と行われてきたが、現在に至るまで結実していない。そのような中で、この改革に立ち塞がる大きな壁を再度吟味し、新たな視座から改革論議を発展させようとするのがこの著書である。

　「刊行によせて」で明石康が述べているように、この著書は、国連外交を直接経験した実務者と長年国連外交を研究してきたアカデミックな方々との共著であり、これまで日本の国連研究ではあまり見られなかった協働体制で新たな視座を提供しようとするものである。日本では、外交分野での実務者と学界の人的交流があまりないため、外交政策の本当の中身を検証し、それをさらに外交に反映させていくダイナミズムに欠けている。その点、安保理

改革の政策立案と作業に外交官として直接関与した実務者と国連職員という中立的立場ではあるがその実相を内部から見てきた方々が加わり、そこに学術的立場からの安保理の諸機能の検証がなされていることから、それぞれの結論と改革の提案は傾聴に値すると言えるであろう。

　著書は3部構成になっているが、各部や各章の概要は編者の「まえがき」で概説してあるので、ここでは幾つか注目点を紹介し書評する。まず、国連事務局の総会課長を勤める中野健司が、これまで総会で取り扱われてきた安保理改革の現代にいたるまでの議論と国際平和と安全維持での総会と安保理との相互補完的役割を総会での文書を中心に詳細に紹介しており、これは有益な資料とも言える。「日本にとっての安保理改革」で特に注目されるのは、1992年1月の冷戦終焉後の初の安保理サミットで宮澤首相が提起した安保理改革の提言の裏に隠された外務省内での議論や、外務官僚と政治指導者との間の思考や判断の齟齬である。当時外務省で国連政策課長をしていた神余隆博は、ソ連邦が解体しそれを継承したロシアの常任理事国の地位をアメリカを含む常任理事国側が早く黙認するために安保理サミットを開催したこと、これに挑戦するような雰囲気がなかっただけではなく、日本側も日本の常任理事国入りに対して具体的な戦略があったわけではないこと、さらに、憲法や国内政治との関連で日本が常任理事国入りすれば、それ相応の軍事的貢献が要求されるのではないかとの懸念が宮澤首相や後継の野党政権などにもあり、特に他の国々に押されれば常任理事国になってもよいといった国際社会では通用しない論理が内在していたことも批判的に紹介している。この点に関しては、初期の安保理改革論議を国連事務局でサポートした川端清隆なども、安保理サミットが日本が常任理事国入りする唯一のチャンスであったと述べており、戦略思考と具体的外交戦略に欠けていたという一つの教訓になっている。これに関連して想起されるのは、国際連盟時代には、ドイツやソ連が個別に連盟の常任理事国として加盟したという事実である。1991年当時は、日本がODAで世界一の拠出国になり、「代表権なくして課税なし」という日本の外務官僚の議論がそれなりの説得力を持つ時代であった

が、それを裏打ちする政治の判断力、決断力、戦略に欠けていたことで、実際に実現したかどうかは別にしても、一つの大きなチャンスを逃したと言える。

　神余は、2004年から2005年にかけて本格的な安保理改革に向けたG4戦略が瓦解した後の国連大使として、G4戦略の背景や概略と何故その戦略が挫折したかを反省と教訓を込めて説明している。G4案は、G4に反対するコンセンサス・グループ（UFC）案やアフリカ案と共に決議に付されることはなかったが、決議に付されたとしても勝ち目はなかったし、「負け戦」を承知で戦いに挑むことは政治的に許されず、このG4案は逆に手詰まり状態をもたらしたとしている。川端も、安保理改革は単なる国連の組織改革・制度変更といった問題ではなく、国連の安全保障体制のあり方自体を問う極めて政治的な行為であることから、「失敗の本質」として、それまでの日本の議論や手法が、数合わせや総会での多数派工作という小手先の戦術に終始したこと、G4案は米国からの支持の取り付けを怠ったことや、常任理事国枠の拡大の根拠として米国にとって受け入れられない「地域代表制」を導入したことだとしている。実際、日本は総会での作業部会の早い段階でアフリカを含む地域代表制を支持したこともあり、既にその時点で安保理改革の実現は当面困難であることが容易に予想された。

　安保理の正統性、実効性、代表性に関しては、PKOの現場での経験や総会の役割との関係、経済制裁、人権保障といった観点から検証されている。各著者は、安保理のシステムに内在する物理的、情報上、政治的、そしてPKO自体の制約や、常任理事国の国益や政治的配慮の違いによって経済制裁の発動基準や履行が一貫していないこと、人権保障の面では、安保理の役割には前進が見られるものの、安保理が人権保障を追求するには構造的限界があることなどが指摘されている。安保理改革論議は「総会の活性化」の議論とも関係しているが、途上国は総会で多数派を形成していることから総会の権限を拡大することによって安保理を牽制する意図があり、これに対して安保理側は自らの透明性を拡大することによって総会の活性化と安保理の改

革に対抗してきていることは念頭に置く必要がある。この点に関しては、国連創設時の常任理事国側の特権付与へのラ米諸国を中心とした中小国の反発によって、集団的自衛権の挿入や総会の国際平和と安全維持での役割の強化がなされたことが想起され、この源流は姿を変えて今日まで至っていると言える。

　安保理改革論への新たなアプローチとして、編者の一人の竹内俊隆がボルジャー指標という数値的に明示出来る投票力を活用して 2005 年に提案された５つの有力な安保理改革案を比較・検討している。結論から見ると、アナン国連事務総長が提示した B 案が最も有力な案だが、この B 案自体も支持されなかったことから、準常任理事国と非常任理事国の総数を調整する必要があることを提案している。問題は、常任理事国入りを目指す有力国や地域政治的な思惑が変化しない限り、数値的な投票力の最良の判断で win-winの改革をすることは困難とならざるを得ないことである。

　このような中で、神余は今後の展望と課題に関し、常任理事国を拡大する改革案が実現する可能性は極めて少ないとの判断から、G4 案の凍結と任期の長い再選可能な非常任理事国（準常任理事国）の創設を以て方針転換を図り、当面全ての加盟国にとっての win-win の結果を出し、常任理事国議席拡大については、有力国が真の大国となる時期か国連創設 100 周年の 2045年を目指して取り組むという二段階論を提案している。

　この二段階論は、G4 案を含む 2005 年の改革努力が頓挫した後、国連研究者の間で次第に共有されてきた考え方であるが、第一段階の改革については、実はまだ統一した議論になっていない。一つは、「準常任理事国」の創設に関する考え方である。アナン事務総長の B 案が実現しなかった一つの理由に、現存の二つのクラスにさらに三つ目のクラスを追加することに対する反感があったこともある。G4 諸国が当然として準常任理事国に君臨することは、ライバル国としては受け入れ難いということもあった。この点、神余が紹介した三人の研究者による改革案の中で最も現実的なのが、国連事務総長特別顧問も経験し長年国連研究に携わったエドワード・ラックの非常任

理事国のみ５議席拡大して、非常任理事国の任期を３年と長期化し、１回のみ再選可能にするという案である。これは準常任理事国の創設という特定の有力国を別枠で考える神余の考え方とは少し異なる。神余は、アナン事務総長のＢ案に基づき、任期は４年以上で再選は無制限に可能、拡大数も６から８とするか、もしくは、さらに小島嶼国に配慮して特別議席を一つ設けるかするといった新たな交渉戦術が検討可能だとし、準常任理事国を創設することが多数の加盟国にとっても安保理入りへのチャンスを広げることにもなるとしている。

　これから安保理改革を実現するためには、まず二段階改革案という新たな戦略に関して日本がイニシャチブを取ってＧ４や現常任理事国、ＵＦＣ、アフリカ諸国を説得できるかである。そのためには、まず日本の政治指導者を説得する必要がある。その際、第一段階での改革案をもう少し吟味し、準常任理事国創設案に加え、それが受け入れられない場合には、プランＢとしてラック案、あるいはさらに全ての非常任理事国の任期を４年として再選可能とする案など安保理の階級制度をさらに拡大しないような考えも新たな戦略に入れてはどうであろうか。

　安保理改革の真の狙いは、日本がいかに「ミドルパワー」あるいは「ミドルパワー＋」として恒常的に安保理の政策決定過程に参画することができるかである。また、常任理事国の改革は、常任理事国に大きな地殻変動がない限り困難な極めて政治的なものなので、そのタイミングを再度失わないような外交力をつけておくことが大事であろう。日本の外交は常に政府内外で検証され、しっかりとした理念と戦略に基づいたものでないと、安保理改革といった大事業を成功させることはできないであろう。

9　川村真理著『難民問題と国際法制度の動態』
（信山社、2019 年、xv + 269 頁）

秋 山 　 肇

　国連難民高等弁務官事務所（UNHCR）によれば、2020 年末の時点で難民の数は史上最多の 8,240 万人に上った。難民問題に対応するための各国による連帯が散見される一方で、例えば欧州では難民受け入れが負担と受け止められ、難民受け入れ先の確保が困難になっている現状がある。今日における難民保護の根幹をなす国際規範は、1951 年に採択された難民条約であるが、同条約は第二次世界大戦の経験を基盤として締結されたため、今日の多様な状況に対応できないという課題も露呈している。実効的な難民保護のためには、国際社会が主権国家により構成されているという政治学的な論点に加え、保護する難民の対象に関する法学的な論点も検討する必要がある。

　上記を背景として 2019 年に出版されたのが、『難民問題と国際法制度の動態』である。著者の川村真理は 2003 年に神戸大学大学院より博士（法学）を取得し、博士論文等を基盤として、2004 年に『難民の国際的保護』を出版した。同書は難民条約のみによる難民保護の困難さを指摘しており、人権条約による難民保護の可能性を検討したものである。本書評の対象である『難民問題と国際法制度の動態』は、『難民の国際的保護』出版以降の約 15 年間に執筆されたうちの 7 本の論稿、2 本の判例紹介に加え、4 本の書き下ろし論稿を掲載しており、適宜加筆修正を行いつつ、初出論稿を活かした書籍となっている（「はしがき」より）。本書は、前著出版以降の著者による研究の展開を示しており、災害への対応や人権法における拷問禁止規範、送還を禁止するノン・ルフールマン原則の視点から難民問題を検討している。

　著者は 2005 年より杏林大学で教育・研究に従事する。それ以前にはジュネーブ国際問題高等研究所で研究員として研究を進めた。また、学部卒業後に日本通運株式会社に 10 年程勤務し、2015 年より法務省難民参与員を勤めるなど、実務経験も豊富である。さらに 1995 年の阪神・淡路大震災時に神戸で過ごしており（「はしがき」より）、災害と難民問題の関係性を見据えた問題意識のもとに本書がまとめられていることを感じさせる。

　本書は、序章、3 部 9 章及び終章により構成される。序章で、重層的な国際法制度を基盤として難民問題を検討すべきであるとの問題意識が示されたのち、第 1 部では「非拘束的文書による保護活動の統合・調整」を取り上げる。第 1 章は、国連人道問題調整事務所（OCHA）の機構的な特徴及びその組織化の課題を明らかにする。第 2 章は、難民や人権に関する国際法の発展に言及しつつ、UNHCR の難民保護に関する権限を検討した。第 3 章は、災害に関連する国際法規範の特徴を明らかにした上で、2015 年に採択された仙台防災枠組 2015-2030、持続可能な開発目標（SDGs）、パリ協定の審議過程や条文の特徴について説明している。

　第 2 部は「人権法の解釈適用による保護範囲の拡張」を論ずる。第 4 章は拷問等禁止条約における送還禁止基準を検討し、第 5 章がアメリカ合衆国による「対テロ戦争」を例として拷問禁止規範について議論している。第 6 章では、ノン・ルフールマン原則について難民法と拷問等禁止条約、自由権規約の視点からそれぞれの適用範囲を比較検討した上で、退去強制における送還先が争点となった大阪高裁の判例を紹介する。第 7 章は子どもに着目して人権法における関連規定の解釈基準を検討し、欧州人権裁判所による家族統合に関する判例を紹介している。

　第 3 部は、「欧州および日本における近年の動向」と題されている。第 8 章は難民・移民の大規模移動を事例として、EU の法制を批判的に検討した。第 9 章では、2015 年 9 月以降の運用が見直された日本の難民認定制度について検討した。終章では、2016 年に採択されたニューヨーク宣言や 2018 年に採択された難民・移民グローバルコンパクトに言及し、難民・移民に関す

る国際法制度の特徴とその課題を論じている。

　本書の特徴は、従来の難民法の枠組みに加えて、人権法や災害に関する組織の視点を加えて議論している点である。具体的には、以下の二つの特徴がある。第一に災害と難民を接続して議論している点である。第1章で論じられている災害に対応する OCHA と難民保護の関係性については、従来十分に議論されてこなかった。特に環境問題が深刻化し、今後災害が増加する可能性がある中で、災害と難民の接点を検討する必要がある。また本書は国際法に留まらず、国際機構やその具体的な実務の基盤となる組織論にも踏み込んで検討していることも特筆すべきである。第1章で著者も指摘している通り、自然災害時の援助に関する一般的な条約は存在しない。そのため、OCHA が災害対応に重要な役割を果たす。国際法に限らず、国際機構の役割を含めた検討が本書の特徴である。

　第二に、難民保護の基盤となる規範を重層的に捉えている点である。難民保護の基盤となるのは難民条約であるが、同条約以降に発展してきた国際人権条約におけるノン・ルフールマンの解釈についても著者は検討している。特に興味深いのは、難民条約には国家主権の要素が強いとしてその限界を指摘しつつ、人権法の方が保護の範囲が広い可能性を示唆する点である。難民保護に関わる国際法や国際機構を理解するために重要な視点である。

　評者からの批判として、本書の視座は、難民問題への実効的な法的枠組みを検討するために有益であるものの、異なる問題意識をもとに書かれた論稿が各章の基盤となっているため、一冊の書籍の中核をなす問題意識が必ずしも明確でないことを指摘したい。例えば、本書の特徴の一つは OCHA と難民の接点を示唆していることであるが、これらの具体的な接点についてはもっと深く検討してほしかった。第1部の第1章、第3章では災害など OCHA が関わる人道問題に焦点が当てられる一方で、これらの章では難民との接点が明示的に議論されていない。また、第2部から第3部、終章にかけては人権法、難民法の議論が中心であり、災害についての議論はなされていない。そのため、従来別個のものとして議論されてきた災害と難民の議論

を読者が接続するのは容易ではない印象がある。第5章では「対テロ戦争」の名の下に行われた拘禁に関連して、拷問禁止規範を扱っているが、著者がこの事例と難民の概念との関係をいかに整理しているかは必ずしも明らかでない。一般的に難民の文脈で十分に議論されてこなかったOCHAの活動や「対テロ戦争」の名の下に行われた拘禁といった新たな視点を提供することは、学術的にも実務的にも有益であるが、書籍化に際してこうした事例と難民の概念の関係性を整理すると、さらに大きな学術・実務への貢献がなされたと思われる。さらに、章によって記載されている情報の時期が異なっており、英国のEU離脱の前に書かれた章と後に書かれた章が混在している。章によって記述の重複や、論点の異なる議論も散見される。書籍全体の調整がなされていれば、読者にとって理解が促進されたであろう。

　さらなる検討が必要であるが、災害やOCHAと難民保護の接点としては複数の可能性が考えられる。第一に、従来のOCHAの活動の中心である大規模な紛争や自然災害との接点を探る可能性である。大規模な紛争や自然災害などの環境問題は、従来の難民条約における難民の定義の一つである「迫害」（第1条A（2））と異なる側面もあるものの、現代的な難民発生の要因と捉えることができる。その場合、現在のOCHAの取り組みと関連する難民の保護に関して、OCHAの役割を検討することが可能になる。この立場によれば、難民概念の新たな理解には繋がるものの、その範囲に含まれる難民は一部であり、全ての難民の保護に寄与する概念にはならない。第二に、難民発生要因である迫害自体を「人道問題」と捉えOCHAの活動範囲を捉え直していく可能性もある。この場合は、OCHAが難民発生要因にアプローチすることが可能になるため、OCHAが難民保護に寄与する大胆な新しい可能性を示す。しかし従来OCHAが扱ってきたのは予算や人的資源の課題が指摘される問題である一方で、難民条約における難民の定義の一つである「迫害」の要因はむしろ政治的な要素が強く、性質が異なる。そのため、OCHAに「迫害」の要因に関する権限を現状で認めることに慎重な見解も想定できる。本書はこのような議論を喚起するものであり、災害という視点

を通して、新たな難民保護のあり方を構想する際に検討が必要な論点を整理している。

　本書で展開される難民問題の視野の広い捉え方は、難民保護の体制を批判的に検討する基盤にもなる。迫害や国境の越境性に特徴づけられる難民条約における難民の定義は、さまざまな政治的な前提や妥協のもとに規定されたものである。人道支援や人権法の視点を導入することで、より広い視点で難民が発生する原因を捉えることができる。それは、今日「無国籍者」や「国内避難民」と呼ばれる人々と「難民」との概念的及び実態的な違いを検討する必要性を示している。すなわち、これらの人々の違いは何であり、国際社会としてどういった状況の人々を保護すべきなのか、という議論である。本書は、従来の難民法以外の視点で難民保護について検討することで、国際社会における主権と人権、迫害といった概念を整理し直し、新たな保護のあり方を構想する基盤を提供する書籍である。

10　政所大輔著『保護する責任：変容する主権と人道の国際規範』

（勁草書房、2020 年、256 頁）

清　水　奈　名　子

　国連は冷戦終結後の 1990 年代に、一般市民が犠牲となる武力紛争やジェノサイドへの対処を迫られるなか、深刻な人道危機に瀕した人々を誰がどのように保護するのか、という難問に直面した。本書は、この問いへの一つの答えが「ジェノサイドや人道に対する罪といった深刻な人道危機から市民を保護することを国家と国際社会に求める規範」（2 頁）としての「保護する責任」であるという。また、その実施に際しては「国際社会が保護活動を実施する際の最終手段として武力の行使まで想定されている」（同上）ことを指摘する。そのうえで、武力不行使原則や内政不干渉原則を脅かす可能性を持つ保護する責任に対して、懸念を示す国が少なくないにも拘わらず、保護する責任が規範として国連加盟国の間で一定程度受け入れられたのはなぜか、という問いに答えようとする。

　本書は著者が神戸大学大学院法学研究科に提出した博士論文をもとに、その後の研究成果を加筆したものである。著者の近著には、『国連研究』第 18 号（2017 年刊行）掲載の「保護する責任の実施と人間の安全保障—国際支援に着目して」や、*Review of International Studies* 誌の第 45 巻第 1 号（2019 年刊行）掲載の "International Commissions as Norm Entrepreneurs: Creating the Normative Idea of the Responsibility to Protect" があり、学生時代から現在に至るまで、着実に保護する責任についての研究を積み重ね

てきた。

　本書の特徴は、国連における政治プロセスや法制度自体の検証や分析を研究目的とするのではなく、国際的な規範がどのように誕生し、伝播し、そして実施されるのか、という規範の動態を包括的に解明しようとする点にある。すなわち本書の最終的な目的は、「保護する責任の規範の形成と伝播、実施をめぐる国際政治プロセスを理論的かつ実証的に解明することによって、コンストラクティビズムに対する理論的な示唆を導出すること」(6頁)である。この保護する責任が誕生してから実施に至るまで、議論の舞台を提供し、また影響を与えるアクターとなったのは国連システムであった。かくして国連研究者にとっての本書の最大の意義は、国際社会において特定の考え方が規範として受容される過程において、国連システムがどのような役割を果たすのかについての理解を促す点にある。

　以上の研究目的が序章において提示されたうえで、第1章「規範の動態をめぐる国際政治」では、国家の利益や選好に国際的な規範が強い影響を与えるとするコンストラクティビズムの理論が、分析枠組みとして紹介されている。本書における規範の定義も、「特定アクターの共同体における、適切な行為をめぐる共通の期待」(14頁)という同理論による定義が採用されている。したがって、ここでの規範には、法的拘束力をもつ規範に限定されず、政治的、道義的、社会的規範が含まれる。当初は規範起業家によって、何らかの規範的な主張を含む考えである「規範的アイディア」として作成され、このアイディアが多様なアクター間で広く共有されることで、規範として確立していくという(16頁)。

　次に、第2章「保護する責任はどのようにして誕生したのか」、第3章「保護する責任はなぜ国連で取り上げられるようになったのか」、第4章「保護する責任は国連においてどのように主流化してきたのか」、第5章「保護する責任はどのように実施されつつあるのか」までの4つの章では、保護する責任規範の誕生から伝播、実施に至るまで、加盟国、国連機関、国際的な独立委員会、NGOなど多様なアクターがいかなる主張をもって関わり、ま

た影響を与えたのかについて、経時的な分析が丁寧に展開されている。国連
総会や安保理の決議、安保理議長声明、国連事務局の報告書、国連のプレス
リリースやニュース記事、各国政府の一次資料、NGO やシンクタンクの報
告書や説明、実務家や研究者による報告書や論稿、新聞記事等の他、関係者
へのインタビュー調査も踏まえて、実証的な検証が行われている点は、本書
の最大の成果である。

　そして終章「国際政治のなかの保護する責任」では、本書の「理論的な発
見と示唆」として、アクターの戦略性、多様なアクターの関与、規範の変
容、国際規範の実施と頑健性の4点が提示される。この4点のなかで先行研
究とは異なる独自の着眼点として著者が強調するのが、アクターの戦略性で
ある。この戦略性は、3点目の規範の変容とも密接に関係している。ここで
いう戦略性とは、多様なアクター間の相互作業を通して「規範起業家は規範
伝播を促進するための戦略として、意図的に規範の中身を変化させたり、フ
レーミングの仕方を修正したりする」(21 頁) ことを指している。保護する
責任に当てはめるならば、国連加盟国の支持を獲得するために、規範起業家
として活躍したカナダ政府やアナン事務総長らが、「保護する責任の対象事
態をジェノサイドなどの国際人道犯罪に限定し、国連憲章に基づく措置の援
用を強調」(同上) した経緯が当てはまる。

　その詳細は第3章において、2005 年の世界サミット成果文書に「保護す
る責任」が挿入されるに至る交渉過程の分析を通して示される。第4章で
は、各国に受け入れやすい内容へと戦略的に変容してきた「保護する責任」
規範について、7 割を超える加盟国が肯定的に評価するようになる過程が、
総会での加盟国による発言や投票行動の変化の分析を通して説明される。続
く第5章では、2011 年2月のリビア危機への安保理の対応や、安保理の議
題や決議のなかで保護する責任が言及されたその他の事例が、保護する責任
の実施の事例として分析される。あわせて、「失敗事例」とされる 2011 年3
月のシリア危機についても検証が行われている。

　以上のように、国連が新たな規範の誕生、伝播、そして実施に際しての組

織的基盤となると同時に、事務総長や特別顧問らが規範起業家として重要な
役割を果たしていることを実証的に明らかにしている点において、本書は国
連研究に大きな貢献をしていると評価できる。第3章の世界サミット成果文
書作成経緯の分析や、第4、5章における決議や会合における言説分析は、
資料としての価値も高いことを付け加えたい。

　このように、本書の成果と意義を確認したうえで、保護する責任規範によ
る固有の影響や効果をいかに評価するのか、という問題を検討したい。本書
でも述べられているように、国際犯罪から人々を保護するという同規範の内
容に関しては、既存の国際法規範が規定しており、またその実施主体と手段
についても、予防する責任から再建する責任まで幅広く想定されている。こ
れらの点を踏まえるならば、関連する国連機関や加盟国の発言や行動につい
て、保護する責任規範が存在したからこそ初めて可能になった、という固有
の影響や効果を評価することは、しばしば困難な作業となる。それは、保護
する責任が「特定の統一的な原理のもとに、複数の関連する既存規範を統合
した新たな規範」という性質をもつ「複合規範（complex norm）」（17頁）
であることに由来する。規範の中核となるジェノサイドや戦争犯罪、人道に
対する罪の禁止は国際条約が規定しており、特にジェノサイドの禁止は逸脱
が許されない強行規範と見なされている。したがって、2009年の事務総長
報告による分類で第一の柱とされる、これらの犯罪から領域国家が市民を保
護する責任に関しては、保護する責任規範の独自性はなく、むしろ同規範が
誕生した時期までに積み上げられた国際人権法、人道法、刑事法の発展と国
際世論の高まりがその淵源となる。また、第二の柱である国際社会による支
援についても、例えば保護する責任概念登場以前から、安保理が文民の保護
のための武力行使権限を有する平和維持活動を、当事国の同意を得て派遣し
てきたことを踏まえるならば、同規範の固有の影響や効果とまでは言えない
だろう。

　むしろ、保護する責任の独自性は、当事国が責任を果たさない場合に、第
三の柱である国連や地域機構による当事国の同意を得ない強制的介入を実施

する「国際社会の責任」にこそある。強制的介入が人道危機を解消する保障はないが、市民保護と国家主権の尊重という二つの規範のジレンマを抱えた人道的介入をめぐる問いから保護する責任の議論が始まったことを想起すれば、保護する責任規範固有の効果を検証するためには、この第三の柱に関する規範の受容や実施が検証作業の核心となる。しかし、本書が明らかにしたように、保護する責任の内容はその普及を促進するために戦略的に変更され、当事国の同意なしに強制的な介入が必要な場合には、安保理による授権を求めることになった。その一方で、拒否権行使の制限や武力行使のための基準設定には至っていない。その結果、安保理が時宜にかなった決定をできず、または動員する人員や資源が確保できずに甚大な被害を生んだルワンダやスレブレニツァ、コソボのように、最も深刻な事態に対応できない状況は変わっていない。近年でも、スーダンのダルフール紛争、シリア危機、ミャンマーのロヒンギャ迫害等では人道に対する罪やジェノサイドの可能性がNGOや各国政府関係者から指摘されたが、安保理は実効的に対応できなかった。リビア危機の事例は例外にとどまっており、また、保護する責任が政権転覆につながるのではないかという批判を介入に反対する国々から招いた。

　既に指摘したように、本書ではアクターの戦略性を重視するため、アクターの言説や投票行動に注目し、アクターが自らの主張を保護する責任という文言や考え方に依拠して正当化しているかどうか、または保護する責任という文言が公式議題とされ、決議に挿入されるかどうかを指標として、同規範が普及し、実施されているかを評価している。言説分析としてこの手法が重要である一方で、実際に同規範の登場によって「国際社会の責任」に関する国家の選好に変化が発生し、被害者の支援や救済が効果的に実現しているのかを評価するためには、別の指標が必要であると思われる。重大な人権侵害が放置される事態が続けば、いくら言説において保護する責任が多用されたとしても、現実と規範の乖離が大きくなり、国際関係において規範は意義をもたないとする規範シニシズムを強化する可能性もある。さらに保護する

責任が第三の柱の実施を除外したまま多くの支持を得たとしても、それは規範誕生の背景にあった市民保護の要請と国家主権の尊重の間のジレンマが解消されたのか、という問いに十分に答えることができない。これは、国家主権の尊重を前提とする国連システムにおいて保護する責任を実現しようとすることに由来するジレンマであり、本書においてもこの点を踏まえて、人間の安全保障の視点から保護する責任の実施を捉える必要が提言されている（211頁）。こうした視点は、主権国家体制の限界を内包する国連研究にとっても引き続き重要な研究課題であり、本学会においてもさらなる研究が必要である。

VI

日本国際連合学会から

1 国連システム学術評議会（ACUNS）2021年度年次研究大会に参加して

キハラハント　愛

　国連システム学術評議会（ACUNS）の第34回の年次研究会が、2021年6月24日より26日までオンラインで開催された。日本国際連合学会からは、石塚勝美（共栄大学）、植木安弘（上智大学）、上杉勇司（早稲田大学）、勝間靖（早稲田大学）、小林綾子（上智大学）、庄司真理子（敬愛大学）、長谷川祐弘（京都芸術大学）、東大作（上智大学）、藤重博美（青山学院大学）、松隈潤（東京外国語大学）、アイグル・クルナザロバ（Aigul Kulnazarova、多摩大学）と、筆者のキハラハント愛（東京大学）の12名の会員が参加した。

　テーマには、「未来に合う国連システムに向けて（Toward Fit for Future United Nations System)」を掲げ、世界各国からの参加者の時差を考慮し、開催の3日間、ニューヨーク時間の朝5時から午後3時15分まで開催された。

　1日目の第1本会議「コロナ時代の変化と包摂（Change and Inclusion in the Time of Covid)」では、ジョージタウン大学エドムンド・ウォルシュ外交学校のヘルマン（Joel Hellman）校長の司会のもと、第73回国連総会のガルチェス（Maria Fernanda Espinosa Garcés）議長と、ガバナンスと経済変革研究所所長でACUNS理事のモグハル（Kingsley Moghalu）氏が、危機の時代の包摂性の重要性について討論した。

　また、同日の第2本会議「国際関係における政策立案と研究部門との橋渡し：グローバル・ガバナンス・イノベーション・ネットワークの立ち上げ

（Bridging the Policymaking-Research Divide in International Relations: Launch of the Global Governance Innovation Network［GGIN］）」 で は、ACUNS 理事でスティンムソン・センターのポンツィオ（Richard Ponzio）博士が GGIN を紹介した。続くラウンドテーブルでは、シポ（Plataforma CIPÓ）のアブデヌール（Adriana Erthal Abdenur）事務局長の司会のもと、ナイジェリアの大統領の参謀長を務めるガムバリ（Ibrahim Gambari）博士、国際移住機関の移民研究部長で ACUNS 理事のマクオーリフ（Marie McAuliffe）氏、ニューヨーク市立大学の大学院センター学長のヴァイス（Thomas Weiss）教授、ライデン大学のラリック（Joris Larik）准教授が討論した。

　2 日目の第 3 本会議はジョン・ホルムズ記念講演として、タフツ大学のウィリアムズ（Abi Williams）教授の司会で、オープン・ソサエティ財団のマロッホ - ブラウン（Mark Malloch-Brown）氏が講演した。また、同日の第 4 本会議は、ACUNS のハワード（Lise Morjé Howard）理事長の司会のもと、国連平和活動局のラクルア（Jean-Pierre Lacroix）事務次長が平和活動について講演した。

　3 日目の第 5 本会議は、ニューヨーク大学所属で ACUNS 理事のカーン（Sarmad Khan）氏の司会のもと、グローバル・コミュニケーション担当のフレミング（Melissa Fleming）国連事務次長が、コロナ危機の中でデジタル空間を事実であふれさせることを目的とするキャンペーンについて講演した。また、同日の第 6 本会議では、ACUNS の発行する学術雑誌グローバル・ガバナンス（Global Governance Journal）が 25 周年を迎えたことを記念し、南カロライナ大学のコアーテ（Roger Coate）教授の司会で、グローバル・ガバナンス編集者のリオン（Alynna Lyon）准教授ほか 4 名が同雑誌について討論した。

　分科会のうち、第 1 日目の「オムニラテラリズムへの道：国連の新しいナラティブ（Opening to Omnilateralism; The New Narrative for the UN）」と題されたラウンドテーブルでは、長谷川会員ほか 3 名のパネリストが、国

家だけでなく市民社会などを取り入れた国連の新しい形と、その将来的な可能性について、討議した。

「紛争解決における国際的なアクターの役割分析（Assessing the Role of International Actors in Conflict Resolution）」と題したパネルディスカッションでは、上杉会員の発表「ミャンマーの平和構築における地政学：西欧諸国の衰退の時代における日本のジレンマ（Geopolitics of Peacebuilding in Myanmar: Japan's Dilemma in the Era of Declining Western Power）」のほか 3 名が二国間支援、科学技術の利用、平和活動と紛争との相互関係について論じた。討論者は ACUNS セクレタリーの筆者が務めた。

2 日目の分科会のうち、パネルディスカッション「Covid-19 パンデミック、グローバル連帯と、国境を越えた不平等（The Covid-19 Pandemic, Global Solidarity, and Transnational Inequalities）」では、筆者の司会のもと、勝間会員の発表「Covid-19 との戦いにおける医療技術への公平なアクセスのための東アジアの協力（East Asian Cooperation for Equitable Access to Health Technologies in the Battle against Covid-19）」のほか 2 名が健康の追及のための価値基盤や世界保健機関の役割について論じた。

同じく 2 日目のパネルディスカッション「グローバルな人権レジームと国家のアカウンタビリティの強化（Reinforcing the Global Human Rights Regime and State Accountability）」では、小林会員が司会進行した。松隈会員の発表「食糧の権利の現代的な課題（Contemporary Challenges of the Right to Food）で」は、食料の権利の課題について論じたほか、2 名が人権普遍的審査や「ジェノサイド」の定義などについて発表した。

同日のパネルディスカッション「進化する世界秩序における多国間主義と民主的ガバナンス（Multilateralism and Democratic Governance in an Evolving World Order）」では、植木会員の発表「権力ダイナミクスの変化する時期のリベラルな価値観と多国間主義（Liberal Values and Multilateralism in the Face of Shifting Power Dynamics）」のほか、2 名が民主主義とソーシャルメディアやアフリカのアノクラシーとの関係性につい

て論じた。

　2日目にはまた、ラウンドテーブル「ミドルパワーと国連平和活動？ 慎重さの政治（Middle Powers and UN Peace Operations? The Politics of Prudence）」で、藤重会員、石塚会員のほか2名がミドルパワーと言われる国々の国連平和活動への姿勢について討論した。

　3日目の分科会のうち、パネルディスカッション「ジェンダー・紛争と人間の安全保障の交差点」（The Intersection of Gender, Conflict, and Human Security）は、勝間会員が司会を務めた。小林会員は「ジェンダーを通して見る人間の安全保障：緒方貞子とUNHCR（Human Security through a Gender Lens: The Case of Sadako Ogata and UNHCR）」という発表をし、筆者と共同研究者のブルケ（Roisin Burke）博士は「平和維持活動要員による性的暴力・搾取と国連－アフリカ連合の枠組みにおける近年の動向と協力体制（Peacekeeper Sexual Exploitation and Recent Developments and Cooperation between UN- AU Frameworks）」について発表をおこなった。

　また、「国際人権法の遵守の問題（Issues of Compliance with International Human Rights Law）」と題されたパネルディスカッションでは、クルナザロバ会員が司会進行を務め、2名が国連人権機関の役割とその見解への国家対応について発表した。

　別のパネルディスカッション「気候変動の課題の理解と解決策の模索（Understanding Climate Challenges and Searching for Solutions）」では、庄司会員の司会のもと、3名が気候変動とグローバルコンパクトや「気候正義」、女性と継続的な開発などについて発表した。

　また、「アノクラティックな（中間的な）諸国の危険性に関する国連の役割（The United Nations Role with Regards to the Dangers of Anocratic States）」のラウンドテーブル会議では、東会員を含む6名がそれぞれの立場から諸々の政策において中間的な立場を取る国々が国際社会に与え得る影響と、それを調整する国連の役割について討論した。

　3日目には、ヴィラーチャ（Guilherme Vasconcelos Vilaça）とヴァラキ

（Maria Varaki）の共編による著書（『国際機関における倫理的リーダーシップ：概念、ナラティブ、判断、および評価（Ethical Leadership in International Organizations: Concepts, Narratives, Judgments, and Assessments)』）のブック・ラウンドテーブルも開催された。国際組織におけるリーダーシップの役割を美徳倫理から説明したこの著書について、ラウンドテーブルでは、筆者を含む 5 名が討論した。

　本会議 6 件、分科会 57 件を終え、2021 年の年次研究会は幕を閉じた。2022 年の年次研究会はジュネーブで開催予定である。

2 The 20th East Asian Seminar on the United Nations System

Mariko Shoji

The 20th anniversary of East Asian Seminar was held from 12 to 13 November 2021, attended by the scholars and practicians from South Korea, China, and Japan. Due to COVID-19, the seminar was held online but the participants had very much fruitful discussion.

The main theme of this session was "In Search of Pro-Active Linkages among 17 Goals of SDGs: Leaving No-One Behind in the Face of the COVID-19 Pandemic, aiming for a World Characterized by Sustainable Peace and Development in the Course of the 21st Century."

At the keynote session, Takahiro Shinyo, President of JAUNS and Professor of Kwansei Gakuin University, introduced the keynote speaker, Koichiro Matsuura, Former Director-General of UNESCO. Matsuura gave a speech concerning "How the World Attains the Goals of SDGs: A View of Former UNESCO Director-General." We have three parts and five sessions. The contents of this seminar were as follows.

Under the theme of "Peace and Global Governance," the first session discussed "Global Governance in the Age of COVID-19." Moderator was Shin-wha Lee (Korea University). Presenters were Sung Chul Jung (Myongji University), Li, Jia (Zhejiang University), Xu, Xueying (Zhejiang University), and Asako Mashima (Nihon University).

The second session titled Social Cleavages discussed "Leaving No One

Behind." Moderator was Kazuo Takahashi (International Christian University). Presenters were Mi Hwa Hong (Kookmin University), Ayako Inokuchi (Osaka University), and Hua, Ruoyun (Development Research Center of the State Council).

The third session discussed "Community-Education Nexus." Moderator was Wang, Ying (UNA-China). Presenters were Shi, Anbin (Tsinghua University), Shinobu Yamaguchi (United Nations University), Hwanbo Park (Chungnam National University), and Jonghwi Park (United Nations University) participated at the Q&A session on behalf of Yamaguchi.

Under the title of "One Earth," the fourth session discussed "Environment and Resources." Moderator was Zhang, Haibin (Peking University). Presenters were Chen, Ying (Chinese Academy for Social Sciences Research Centre for Sustainable Development), Sijeong Lim (Korea University), and Higuchi, Eka (Tohoku University of Community Service and Science).

The fifth session discussed "Non-State Actors." Moderator was Dong-Ju Choi (Sookmyung Women's University). Presenters were Ayako Kobayashi (Sophia University), Junhyup Kim (Handong Global University), and Xue, Lei (Shanghai Institutes for International Studies).

There were a variety of discussion topics, and many important points were discussed. Six points can be mentioned as the fruit of this seminar. Of course, there were much more learnings from this seminar.

First, environmental issues. The COP26 made some conclusions. Yamaguchi from UNU could not attend the seminar because she needed to attend COP26. As the fourth session titled "Environment and Resources," we learned that public awareness activities are crucial for keeping our earth environment.

Second, COVID-19 issues. Many papers mentioned the hot topic at this time. Some scholars gave us country specific information, for example, Uganda, Laten America, and so forth. Some scholars analyzed human rights conditions. And all of them considered how to deal with vulnerable people.

Third, digital literacy. It might be some solution for COVID-19 and vulnerable people. Earth observation and algorism provide some   solution. But we have to be careful about digital transformation. Sometimes it is the cause of infodemic and the abuse of algorisms by the big tech companies. Owing to the digital transformation, we can survive and we can continue our East Asian Seminar under the COVID-19 situation. We need to continue to observe what will happen in the future of digital transformation.

Fourth, disparity and asymmetry. They are still existing not only among many countries but also within each country. There are widening disparity between the rich and the poor. We need much more cooperation, consideration, and coordination. And many people mentioned that the both of COVID-19 and global warming issues are not only simple health issue but also security issue. The word, Security Community, is functional solution. Ironically, we all share these trans-borders problems. These are not for single country's issue but our common threat and common agenda.

Fifth, regional and local cooperation and communication. They are indispensable as keynote speech mentioned. And some speakers also mentioned it in the community-education nexus. If we can construct and consolidate our local and regional understanding and cooperation, we could overcome many challenges.

Last, we, East Asian Seminar. The East Asian Seminar have twenty years history. The first meeting was held on 12 September 2001 at Seoul. There is the time difference between New York and East Asian countries. The day was the very date of Ground Zero, 911. At the very begging of our cooperation, we faced such a historical event and it was a very good opportunity to overcome global threat like a terrorism cooperatively.

In 2006 my former student from China promised me, when she would go back to China, to have a cooperation with East Asian Seminar. She kept our promise and China officially joined our East Asian seminar in 2011. Ten years have passed since then. This year marks the 20th anniversary of the seminar between Korea and Japan. And also, this year marked 10 years since the three countries of China, Korea, and Japan became one. Beside some friction among three countries, we, East Asian Seminar will continue further cooperation and friendship. I think this is successful thing for us.

At this time, as a feeling of gratitude of our long friendship, we plan to publish one book for commemorating the 20th anniversary of the East Asian Seminar. All the presenters of this seminar are invited to write article for the book. The book could be some token for our 20- or 10-years cooperation. Please keep in touch with us. And let us continue to have a lot of and long standing academic meetings in the future.

3 規約及び役員名簿

(1) 日本国際連合学会規約

I 総則

第1条（名称） 本学会の名称は、日本国際連合学会とする。

第2条（目的） 本学会は、国連システムの研究とその成果の公表及び普及を目的とする。

第3条（活動） 本学会は、前条の目的を達成するために、以下の活動を行う。

    1) 国連システムに関する研究の促進並びに各種の情報の収集、発表及び普及

    2) 研究大会、研究会及び講演会等の開催

    3) 機関誌及び会員の研究成果の刊行

    4) 内外の学会及び関係諸機関、諸団体との協力

    5) その他本学会の目的を達成するために必要かつ適当と思われる諸活動

II 会員

第4条（入会資格） 本学会の目的及び活動に賛同する個人及び団体は、本学会に入会を申請することができる。本学会の会員は、個人会員と団体会員からなる。個人会員は、一般会員と院生会員の2種とする。

第5条（入会申請） 本学会への入会は、理事を含む会員2名の推薦に基づき、理事会の承認を得なければならない。

第6条（会員の権利） 会員は、本学会の機関誌の配布を受け、本学会の総会、研究大会、研究会及び講演会等に参加することができる。

第7条（会費）　会員は、別に定める所定の会費を納める。2年以上にわたって会費を納めていない者は、理事会の議を経て会員たる資格を失う。

第8条（退会）　本学会から退会しようとする会員は、書面をもってこれを申し出、理事会がこれを承認する。

Ⅲ　総会

第9条（総会）　通常総会は年一回、臨時総会は必要に応じ理事会の議を経て、理事長が招集する。

第10条（意思決定）　総会の議決は、出席会員の過半数による。但し、規約の変更は出席会員の3分の2以上の同意によって行う。

Ⅳ　理事会

第11条（理事及び監事）　本学会に、理事20名程度及び監事2名を置く。

第12条（理事及び監事の選任と任期）　理事及び監事は、総会において選任される。理事及び監事の任期は3年とし、二回まで継続して再選されることができる。

第13条（理事及び監事の職務）　理事は理事会を構成し、学会の業務を管掌する。監事は理事会に出席し、理事の職務の執行及び学会の会計を監査する。

第14条（理事会の任務及び意思決定）　理事会は本学会の組織運営にかかわる基本方針及び重要事項を審議し、決定する。理事会の議決は、理事の過半数が出席し、現に出席する理事の過半数をもって行う。

第15条（理事長）　理事長は、理事の互選により選任される。理事長は本学会を代表し、その業務を統括する。理事長の任期は3年とする。

Ⅴ　主任及び各委員会並びに運営委員会

第16条（主任）　理事長は、理事の中から、企画主任、編集主任、渉外主

任及び広報主任を指名する。

第 17 条（委員会） 各主任は会員の中から数名の委員を指名し、委員会を構成する。各委員会の構成は運営委員会によって承認される。

第 18 条（運営委員会） 運営委員会は、理事長、各委員会主任及び事務局長並びに原則として理事の中から理事長が指名するその他の委員によって構成される。運営委員会は学会の業務を遂行する。

VI 特別顧問

第 19 条（特別顧問） 本学会に特別顧問を置くことができる。特別顧問の任命は、理事会の議を経て、総会が行う。特別顧問は、本学会の会費の納入を免除される。

VII 事務局

第 20 条（事務局） 本学会に、理事長が指名する理事を長とする事務局を置く。事務局長は、理事長を補佐し、本学会の日常業務を処理する。事務局長は、事務局員を置くことができる。

VIII 会計

第 21 条（会計年度） 本学会の会計年度は、毎年 4 月 1 日に始まり翌年の 3 月 31 日に終わる。

第 22 条（予算及び決算） 本学会の予算及び決算は、理事会の議を経て総会の承認を得なければならない。決算については、監事による監査を受けるものとする。

（付則）　（1）この規約は、1998 年 10 月 22 日より施行する。

　　　　　（2）この規約は、2016 年 6 月 11 日より施行する。

(2) 日本国際連合学会役員等名簿（2019 年 10 月 1 日～2022 年 9 月 30 日）

理事長：神余隆博

事務局長：久木田純

企画主任：山本慎一

編集主任：本多美樹

渉外主任：庄司真理子

広報主任：小山田英治

1　特別顧問：

　　明石康　武者小路公秀　渡邉昭夫

2　監事：

　　松隈潤　渡部茂己

3　理事：

　　秋月弘子　石原直紀　位田隆一　猪又忠徳　植木安弘　小山田英治

　　久木田純　久山純弘　功刀達朗　佐藤哲夫　庄司真理子　神余隆博

　　滝澤三郎　滝澤美佐子　西海真樹　広瀬　訓　二村まどか　本多美樹

　　望月康恵　山本慎一　弓削昭子　米川正子

　　（以上、22 名）

　　（職務出席：外務省総合外交政策局　国連企画調整課ご担当者、事務

　　局次長：真嶋麻子）

4　運営委員：

　　小山田英治　久木田純　庄司真理子　神余隆博　二村まどか

　　本多美樹　山本慎一

　　（職務出席　真嶋麻子）

（3）日本国際連合学会　各種委員会・事務局

5　企画委員会：

　　山本慎一（主任）　キハラハント愛　佐俣紀仁　菅原絵美　二村まどか

6　編集委員会：

　　本多美樹（主任）　赤星聖　石塚勝美　上野友也　軽部恵子　柳生一成
　　吉村祥子

7　渉外委員会：

　　庄司真理子（主任）　秋山肇　大平剛　高橋一生　玉井雅隆　樋口恵佳

8　広報委員会：

　　小山田英治（主任）　妻木伸之　平井華代

9　事務局：

　　久木田純（事務局長）　真嶋麻子（事務局次長）

VII

英文要約

1 The United Nations and Human Rights: 77 Years History

Toshiya Ueki

At the first stage of the drafting process of the Charter of the United Nation, in the Dunbarton Oaks Proposal in October 1944, human rights were not necessarily the main topic in the framework of the newly proposed international organization whose most important mission was "to maintain international peace and security". However, the Charter of the United Nations, adopted at the United Nations Conference on International Organization held in San Francisco from April to June 1945, provided, as one of the three "purposes" of the UN, "promoting and encouraging respect for human rights and for fundamental freedoms for all" in Article 1, paragraph 3 of the Charter.

Since the foundation of the United Nations in 1945, the United Nations has made great contributions to the substantive development of the international human rights law by drafting and adopting numbers of international documents and conventions in the various fields of human rights, for instance, the Universal Declaration of Human Rights adopted as a General Assembly Resolution in 1948 and the International Covenants on Human Rights adopted in 1966.

In addition, the United Nations has gradually made the mechanisms for the implementation and the supervision of human rights within the framework of the UN. Firstly, the Commission on the Human Rights was established, based upon Article 68 of the UN Charter, as a subsidiary organ of the Economic and Social Council of the UN. This Commission on Human Rights played a significant role on reviewing the human rights situations within the territory of each Member State of the UN especially by the special procedures established by the ECOSOC Resolution 1235 in 1967 and the ECOSOC Resolution 1503 in 1970. In 2006, the Human Rights Council was established, as a subsidiary organ of the General Assembly, by the GA Resolution 60/251 and the roles and functions of the Commission on the Human Rights were succeeded to this Human Rights Council which might be regarded as an achievement of "the mainstreaming of human rights."

As for the operational functions of the United Nations on human rights, the United Nations High Commissioner for Refugees (UNHCR) and its Office established in 1950, as a subsidiary organ of the General Assembly of the UN, have made great roles on the various supports for the refugees and displaced persons as well. In 1994, the United Nations High Commissioner for Human Rights (UNHCHR) was established by the GA Resolution 48/141 in 1994, and the Office of UNHCHR has been filling the important roles on human rights in the UN system.

The Russian invasion to Ukraine started in February 2022 has shocked all the people around the world and it might have significant impact on the international regime itself established by the UN in 1945 and human rights regimes as well. This tragic event has reminded us of the strong interrelationship between "peace and security" and "human rights," both of which were the main purposes of the United Nations.

2 Business and Human Rights:

From the "Human Security" Perspective

Yasunobu Sato

The UN Guiding Principles on Business and Human Rights in 2011 (UNGP) is now going to work at practice at last even in Japan as the Japanese government adopted its National Action Plan (NAP) in October 2020. The "human rights due diligence" under the UNGP will be also practiced by Japanese lawyers since the human rights are considered as business risk now. The UN hosted soft law like the UNGP is effective by the logic of market to exclude human rights abusers from the supply chain. Nevertheless, without considering the human rights situation in the context of the developing countries, such as Cambodia, it would be rather harmful to the local people suffering from poverty, who might be excluded from the market to end up with aggravating their human rights situation.

Thus, the *Corporate Human Security Index* (CHSI) research project is intended to add the empowerment approach by the human security perspective to be introduced for evaluating the business efforts to promote human rights in such developing countries. The CHSI will try to apply an open-end network by multi-stakeholders to develop the proposed index and enhance its accuracy and effectiveness by trial-and-error as social experimental methodology.

Such approach is also seen in the UN Global Compact on Refugees in 2018 (GCR) as its whole society approach to the international protection and empowerment of refugees by inviting the private sector and the other non-state actors, including, academia. In particular, the "Global Academic Network" recommended by the GCR is significant for promoting *Network Governance* by the multi-stakeholders' check and balance as the autonomous decentralised system. The GCR is not only suggesting a paradigm shift of the international refugee protection regime, but also indicating the direction of the UN to get over the outdated the nation-state system as a facilitator of the global governance.

Finally, in light of the current Myanmar humanitarian crisis due to the military coup, the roles of the UN and Japan are examined as a case study. Based on the findings by the author's recent research mission in Thailand on "business and human rights," in particular, Mae Sot, a border city towards Myanmar, and Chiang Mai, the cross-border conflict business is identified as a root cause for struggling for vested interests of the military. The Kishida administration has adopted the human rights diplomacy. It should not just follow the US and EU to impose targeted sanctions against the individuals responsible for human rights violations, but also work with multi-stakeholders to protect new Myanmar refugees and asylum seekers by constructive ways. The academic network for such issues should be promoted, funded by the private sector, to host them as students or researchers in universities in Asia. For instance, Japan and Thailand are expected to take initiative to set up the Asian Public Private Joint Fund for Human Security in Asia to rescue the future of Myanmar, Asia as well as Japan.

3 Indigenous Participation at the United Nations:

Their role and effect to the standard setting and implementation of human rights

Marie Tomita

At the turn of the new century, the then Secretary General Kofi Anan issued his report entitled "We the Peoples". In his report, Kofi Anan stated that the United Nations (hereinafter UN) should work together with NGOs and enterprises to improve its work. Though the UN Charter begins with these words, the UN's political organs remain closed to international actors other than States even today.

Since the mid-1980s, the indigenous peoples have been allowed to participate in the debate of many UN organs starting with the Working Group of Indigenous Populations (WGIP) which was established under the Sub-Commission on Human Rights to draft a declaration on the rights of indigenous peoples. Since the indigenous peoples are not a State nor a consultative NGO, they therefore could not participate in the UN human rights meetings in the official setting.

Though there is no precise definition in the adopted United Nations on the Rights of Indigenous Peoples, indigenous peoples are those who 1. form non-dominant groups of the society; 2. have historical continuity with pre-colonial and/or pre-settler societies; 3. have strong link with their territories; 4. have distinct social, economic, political systems, language, culture and beliefs; 5. identify him/herself or by its community to be indigenous. It is estimated that about 6% of the world's population are indigenous peoples. They were allowed to participate at the WGIP by being "indigenous", and this eventually opened up a third category, other than member States and NGOs with a consultative status at the UN.

In this article, it will be argued that due to the participation of indigenous peoples in the drafting process, there were modification of particular rights in the Declaration, especially article 3 which acknowledges the indigenous peoples' collective right of self-determination. Such modification in the notion of self-determination affected not only States that have the primary obligation to realize human rights of indigenous peoples, but also the UN organs. With this article 3 on self-determination, indigenous peoples were able to gain places at the UN as the UN is required to implement the Declaration, including self-determination. In various UN organs, the indigenous peoples are now, together with the UN, implementing the Declaration. Whether such development will spill over in other areas or organs at the UN is uncertain. However, considering the fact that the basis of such change is due to the concept of self-determination as a human right, a right which belongs to everyone, the UN will need to be reformed so that such right may be realized by all. This change may be identified as democratization of the UN. Furthermore, such changes as democratization must make sure that it is linked with support to democracies within States and furtherance of human rights of all.

In conclusion, the participation of indigenous peoples to the UN activities, has led to the changes to certain articles of the UNDRIP, including the much debated article on self-determination. This article alongside the Declaration has made the UN to open its doors to those who are directly affected by the activities of the UN. Though it remains uncertain whether the doors will be open to others, it can be said that the exclusiveness of States is beginning to change.

4 The IOM's Incorporation into the UN System and Human Rights:

Normative Implications and Practical Consequences

Ryuya Daidouji

In 2016, the International Organization for Migration (IOM) was incorporated into the United Nations (UN) system. Now, the IOM is regarded by the UN as taking a "global leading role in the field of migration" while it undertakes the obligations stemming from the UN Charter (A/RES/70/296). How has this incorporation affected the IOM's character, activities, and human rights protection of people on the move? The aim of this article is to evaluate the normative implications and practical consequences of the incorporation.

The importance of the IOM seems obvious, not only because it is now a part of the UN system with increased visibility from labeling itself as the "UN Migration Agency," but also because its activities directly affect the human rights situations of people on the move. Nonetheless, little is known about the IOM, its effects on migrants' human rights, and the implications of its entry into the UN system.

Against this background, this article briefly traces the history of the IOM since its inception until the incorporation into the UN system in 2016. It not only reveals the factors behind the incorporation but also explains the IOM's institutional character, underlining how the organization contributes to the exclusion of people on the move as a toolkit of donor states. There is a debate regarding whether this disposition of the IOM has changed with its entrance into the UN system, so the latter part of this article examines whether and how the entry into the UN system has affected the IOM, with special attention given to human rights protection. By explicating the meaning of the key term "non-normative," this article presents the argument that the protection of migrants is not only possible, but necessary. Furthermore, the case study of the cooperation between the IOM and the European Union in Libya suggests that the IOM (together with the UN High Commissioner for Refugees) may contest the European donor states, implying that it is not always the donors' toolkit. Finally, it is revealed that the incorporation into the UN system is evaluated differently within the IOM. For example, a staff on the policy-making level emphasizes its importance while a staff on the ground underlines the continuity of IOM-UN relations.

The contributions of this article are twofold. First, it accumulates the literature on IOM written in Japan, which has been scant so far; second, it contributes to the debate regarding the influence of the IOM's incorporation into the UN system, as well as its implications for human rights. This article's arguments are based upon the analyses of documents issued by the IOM and other international entities and the author's interviews with several IOM staff members.

5 Reality check of the UN-regional partnership in peace and security:

Sudan as a case study

Sumie Nakaya

Regional organizations have assumed larger roles as robust intervention forces for the maintenance of international peace and security, as seen recently in the Central African Republic, the Democratic Republic of Congo, Mali and the Sahel, Somalia, and Sudan and South Sudan, among others. Yet there remains a dearth of literature on the inner working of regional organizations, and this paper is informed in part by the author's personal experiences from managing the Sudan files in the United Nations (UN) Department of Peace Operations.

While the policy and academic debates on reginal organizations have often depicted them as "junior partners" in need of external support, this article underlines the political significance of their contributions as the first respondents to crisis. By focusing on ceasefire implementation, that is the first step towards security restoration, this paper showcases how regional organizations have filled critical gaps, facilitating preliminary negotiations among belligerents, and monitoring their compliance with violence management measures, while the UN waits for a comprehensive peace agreement, guarantees for the safety and security of its personnel, and other prerequisites for the authorization and deployment of multilateral peace operations. It is not necessarily the capacity deficit of regional organizations per se but delays in the establishment of the UN operations that have reversed the initial gains of peacemaking efforts, especially as the latter has become more expansive and complex, with multifacted mandates. Conversely, the early actions of regional bodies reflect geopolitical calculations of neighboring countries and the balance of power among them, which does not always foster the perception of neutrality and legitimacy in the eyes of those affected by conflict.

Through a case study of Sudan, where the African Union, the UN, and other entities have addressed different aspects of the political process, this paper presents the mosaic of individual, institutional, and national interests at play in formulating regional responses to disruptive events. From the Darfur peace talks to the unresolved issues between Sudan and South Sudan and the post-coup arrangements in Khartoum, various regional entities competed with one another and with the UN, and their division of labor was ad hoc and reactionary, rather than strategic. Policy options relating to UN-regional partnerships would therefore need to shift from technical assistance based on large-scale peacekeeping scenarios to network-building, joint analysis, and targeting investments throughout the crisis prevention-mitigation-recovery spectrum, particularly at this juncture when conflict dynamics are becoming diverse, fragmented, and multi-layered.

6 Impact of the COVID-19 Pandemic on the Implementation of the UN Economic Sanctions against North Korea

Maiko Takeuchi

Since 2020 January, North Korea has been keeping strict border control in response to the COVID-19 pandemic. By the end of 2021, no case had been reported. However, strict preventive measures including border closure and domestic travel restriction has been affecting civilians: the food shortage caused by the sharp trade reduction is now critical. The COVID-19 pandemic also affected implementation and monitoring of the UN economic sanction against North Korea. This article analyzes the impact of the COVID-19 pandemic on the UN North Korean sanction implementation. It discusses the problem with the proposal to lift the sanction and how to address the well-being of the citizens while impeding the North Korean leadership's access to foreign income used for the country's nuclear and ballistic missile programs.

Due to the pandemic, the civilian's urgent need for humanitarian assistance has increased. To address this urgent need, the UN North Korean sanctions committee (UN 1718 Committee) set an expedited procedure for the humanitarian exemption to the sanction measures. However, due to the strict quarantine imposed by North Korea the delivery of assistance has been delayed. Furthermore, the North Korean government has been reticent to receive foreign aid.

Meanwhile, the country has been continuing to violate UN sanctions. For example, illicit trade of refined petroleum products and coal using ship-to-ship transfers have continued. Strict border closure is used as an excuse to force the overseas workers to continue working without allowing them to return home in this difficult period. North Korea has also reportedly resumed plutonium production and conducted multiple ballistic missile tests. It is also likely that the authority is using the pandemic and restriction of the citizens' activities to tighten control on the population. Furthermore, the difficulty of the citizens' life has been used to challenge the equitability of the economic sanctions.

In November 2021, the pandemic's burden on the civilians was added as justification to the proposal by China and Russia that the Security Council partially lift the sanctions. However, it is unlikely that lifting the sanction would improve the living standards of the citizens under the current political and economic system of North Korea. The government may use the lift to gain foreign income for the nuclear and missile programs, rather than allowing workers to keep their salary. Furthermore, due to the limited access to information, the international society cannot verify the effects of lifting the sanction. Instead, the current expedited sanction exemption mechanism, with the Sanction Committee's monitoring, serves the purpose; prompt humanitarian aid delivery while maintaining strong sanctions against the government.

7 League of Nations Peacekeeping:

The Great War, Border Disputes, and Civil Wars

Shunsuke Obiya

This article explores the origins of peacekeeping operations by tracing them back to the League of Nations, focusing on the transformation of the League's expected role. The League was established to prevent the recurrence of the Great War through collective security. However, it mainly dealt with minor border disputes and achieved success by preventing them from developing into wars through mediation and conciliation. Ad hoc practices led to new processes and methods, including the dispatching of inquiry commissions and observer groups. The Greek–Bulgarian Border Incident of 1925 established this approach, which matched the preference of great powers adopting fiscal austerity policies because it needed only a small number of personnel. When it was necessary to send a small force and/or an observer group to a remote location, the League attempted to recruit local personnel or to build a partnership with a regional framework. This was the prototype of United Nations peacekeeping operations and partnerships with regional organisations.

The League also took steps towards dealing with civil wars. Civil wars were not necessarily considered to be an international issue during the 1920s. That said, Britain's Foreign Office considered the possibility of intervention by the League in the civil war in China. At the start of the

1930s, the League began to offer the first examples of international development assistance to non-European states (such as China, Bolivia, Siam, and Liberia). Domestic stability was essential to achieving the economic development and modernisation of states. The League therefore had to address civil wars to advance the effectiveness of development assistance. The Liberian government requested that the League mediate in the civil war with the Kru peoples. Melville Douglas Mackenzie, Special Commissioner of the League Mission to the Kru Coast, was also a League advisor to the Liberian government on sanitary reorganisation. He established a one-year truce between the government and the Kru peoples and disarmed the latter. The Liberian mission was the first example of an intervention in a civil war by an international organisation.

Entering the middle of 1930s, partnership between the League and regional frameworks was overwhelmed by the rise of regionalism. Moreover, debates surrounding League reform came to focus on reconsideration of collective security and paid little attention to the role of the League in settling minor border disputes. In addition to these changes, the Spanish civil war standardised the principle of non-intervention in civil wars.

As a result, the United Nations Charter was drafted to prevent another world war. Civil wars and border disputes receded into the background again. However, the United Nations was forced to deal with them from its inception.

編集後記

　今号は、特集論文、研究ノート、政策レビュー、独立論文、書評のほか、ACUNS研究大会と東アジアセミナーからの報告を掲載いたしました。御論考をお寄せいただいた会員の皆さまに感謝申し上げます。また、投稿論文を査読してくださった先生方、会員でないにもかかわらず査読をお引き受けくださった先生方、何度も丁寧に読んで頂きましてありがとうございました。

　新型コロナウイルス感染症は変異株が次々と現れ、多くの尊い命を奪い、私たちのさまざまな権利を脅かしています。このような時期に強行されたロシアによるウクライナへの侵略は戦後史の中でも最悪の人道危機を招いており、その惨状には胸を締め付けられる思いです。国連の役割と機能、とくに安保理体制の限界と改革の必要性について改めて考える日々です。

　最後になりましたが、今号も無事に出版できましたのは国際書院の石井彰社長の本学会への変わらぬご理解とご協力のおかげです。心より感謝申し上げます。そして、編集委員の皆さま、このメンバーでの編集は今号が最後です。大変お世話になり、ありがとうございました。　　（本多美樹　法政大学）

　今号では特集論文を担当させて頂きました。今号の特集テーマは、人権と国連でありました。ロシアによるウクライナへの攻撃とそれに対する国連の動きをみますと、国連が大国による戦争と人権侵害に対抗できないもどかしさを感じます。しかし、国連総会や国連安全保障理事会による議論を鑑みますと、国連において人権が重要な課題として認識されてきたことをひしひしと感じます。さて、私は今号をもちまして編集委員を退任します。執筆者、査読者、編集委員の方々、編集作業にご協力頂きまして誠にありがとうございました。
　　　　　　　　　　　　　　　　　　　　（上野友也　岐阜大学）

　本号では、特集論文セクションを担当いたしました。ご寄稿・ご執筆いただいた先生方、またお忙しい中に丁寧に査読の労をいただいた先生方のおかげで、本号が刊行の運びとなり大変うれしく思います。心より感謝申し上げます。もちろん平時から人権侵害は大きな課題であるわけですが、新型コロナウイルス感染症や、今般のロシアによるウクライナへの軍事侵攻は、「人権」について改めて検討する契機となり、本号は時機を得た特集になったように思います。今後も『国連研究』へのご協力をよろしくお願い申し上げます。

（赤星聖　神戸大学）

　今回は研究ノートのセクションを担当しました。大変お忙しい中、査読をご快諾して下さり、大変丁寧なコメントを下さった皆さま、および応募に御論考をお送り下さった皆さまに深く感謝申し上げます。査読者と執筆者のやり取りに関与させて頂く中で私自身が学ぶことも多く、今回も貴重な経験をさせて頂きました。最後になりますが、編集委員になってから日が浅く、要領を得ない私に丁寧に色々と教えて下さいました本多編集主任にもお礼申し上げます。

（柳生一成　広島修道大学）

　今号では、政策レビューのセクションを担当し、現場の目を通じた臨場感にもあふれる論考を２本掲載することができました。『国連研究』という学会誌を通じて、実務と学術双方の観点に基づくさらなる対話が生まれ、国連に関するより一層深い考察が行われることを大いに期待したく存じます。引き続き、本セクションにおける積極的なご応募・ご寄稿をお願いすると同時に、会員の皆様方においても、本セクションのさらなるご紹介を賜ることができれば幸甚です。世界は引き続き緊急事態下にありますが、このような中、政策レビューを執筆いただいた会員の方々、ご多忙にもかかわらず査読をお引き受けくださり詳細かつ的確なコメントを下さった先生方、本多編集主任を始めとする編集委員の皆様、そして国連学会会員の皆様に、心から感謝と御礼を申し上げます。

（吉村祥子　関西学院大学）

　今号では独立論文セクションを担当しました。本多主任のもとでの編集作業を通じて多くの事を学ばせていただきました。現在のウクライナ問題をはじめとする国際状況下において、国連システムの在り方を改めて考えていく必要性を痛感いたします。その一助となるべく『国連研究』のさらなる発展を願います。

（石塚勝美　共栄大学）

　今号では、書評を担当いたしました。自分の日ごろの関心と異なる分野での最新研究に触れることができました。多くの新しい知識を得るとともに、評者の批判的分析を学んで、大変勉強になりました。著者と評者の方々に感謝申し上げます。

　2022 年 2 月 24 日にロシアがウクライナを軍事侵攻し、人権、SDGs、環境問題が「吹き飛んだ」との感があります。また、時代が 100 年ほど、少なくとも 1938 年のミュンヘン会談の頃に戻ったようです。これまでの人類の努力と多大な犠牲を無駄にしないため、自分にできることを探していきたいと思います。

　最後に、本多美樹主任には 3 年間、大変お世話になりました。この場を借りて、心よりお礼申し上げます。

（軽部恵子　桃山学院大学）

＊セクション担当順

〈執筆者一覧〉掲載順　　　＊所属および職位は 2022 年 4 月時点のもの。

植木　俊哉（うえき　としや）

東北大学理事・副学長、大学院法学研究科教授

専門は、国際法・国際組織法。

近著に、「国際組織の設立条約に対する留保に関する一考察」編集代表岩沢雄司・岡野正敬『国際関係と法の支配（小和田恆国際司法裁判所裁判官退任記念)』（信山社、2021 年 7 月）735-760 頁、「BBNJ 協定の交渉・形成プロセス——その動態と特徴——」坂元茂樹・薬師寺公夫・植木俊哉・西本健太郎編『国家管轄権外区域に関する海洋法の新展開』日本海洋法研究会叢書：現代海洋法の潮流第 4 巻（有信堂高文社、2021 年 6 月）91-107 頁など。

佐藤　安信（さとう　やすのぶ）

東京大学大学院総合文化研究科教授

専門は、紛争処理法、開発法学。

主な著書に、"Japan's Approach to Global Democracy Support: Focused on Law and Judicial Reform Assistance," in Michael R. Austin and et al (eds.), U.S.-Japan Approaches to Democracy Premotion, Sasakawa Peace Foundation USA, 2017, pp. 37-44；「平和構築論の射程」高橋哲哉・山影進編『人間の安全保障』東京大学出版会、2008 年がある。

富田　麻理（とみた　まり）

亜細亜大学国際関係学部特任教授

専門は、国際法、国際人権法、国際組織法。

主な著書に、『新国際人権入門：SDGs 時代における展開』法律文化社、2021 年；「アジア地域人権機構設立の可能性—ASEAN 等による地域機構の人権の保護・促進活動の検討をとおして」『西南学院大学法学論集』45 巻 3・4 号、

2013 年、123-165 頁がある。

大道寺　隆也（だいどうじ　りゅうや）
青山学院大学法学部准教授
専門は、国際関係論、国際機構論。
主な著書に、『国際機構間関係論――欧州人権保障の制度力学――』信山社、
2020 年；"Inter-organizational Contestation and the EU: Its Ambivalent
Profile in Human Rights Protection," *JCMS: Journal of Common Market
Studies* Vol. 57, Issue 5, 30 April 2019, pp. 1130-1147 がある。

中谷　純江（なかや　すみえ）
一橋大学森有礼高等教育国際流動化機構講師、
国際連合平和活動局政務官、安全調整担当官
専門は、紛争解決、国際平和活動、危機管理。
主な著書に、"Victimization, Empowerment and the Impact of UN Peacekeeping
Missions on Women and Children: Lessons from Cambodia and Timor-
Leste" in Albrecht Schnabel and Anara Tabyshalieva (eds.), Defying
victimhood: women and post-conflict peacebuilding, UN University, 2012,
pp. 96-117；"Aid and transition from a war economy to an oligarchy in
post-war Tajikistan," Central Asian Survey Vol. 28, Issue 3, 2009, pp. 259-
273 がある。

竹内　舞子（たけうち　まいこ）
早稲田大学紛争交渉研究所招聘研究員、
前国連安保理北朝鮮制裁委員会専門家パネル委員
専門は、経済安全保障、貿易管理、経済制裁。
主な著書に、「安保理北朝鮮制裁における適用除外規定と実務上の取扱いの
変化―人道支援を中心に―」『国際法研究』第 9 号, 2021, pp.69-87；"UN

financial sanctions against the Democratic People's Republic of Korea-Challenges and proposal for efficient implementation," in Sachiko Yoshimura (ed.), United Nations Financial Sanctions, Routledge, 2021, pp. 134-149 がある。

帶谷　俊輔（おびや　しゅんすけ）
成蹊大学法学部准教授

専門は、国際関係論、国際機構論。
主な著書に、"Between 'Coercive League' and 'Consultative League': a reappraisal of debates surrounding the 'Reform' of the League of Nations," *International Relations of the Asia-Pacific* Vol. 21, Issue 3, September 2021, pp. 465-492；『国際連盟—国際機構の普遍性と地域性』東京大学出版会、2019 年がある。

植木　安弘（うえき　やすひろ）
上智大学グローバル・スタディーズ研究科教授

専門は、国際関係論、国際機構論。
主な著書に、「リベラルな国際秩序と国連」納家政嗣・上智大学国際関係研究所編『自由主義的国際秩序は崩壊するのか：危機の原因と再生の条件』勁草書房、2021 年、57-78 頁；『国際連合：その役割と機能』日本評論社、2018 年がある。

秋山　肇（あきやま　はじめ）
筑波大学人文社会系助教

専門は、国際法、国際機構論、平和研究
主な論文に、Global Movement to End Statelessness and Japanese Nationality: History, Human Rights and Identity, *The Hallym Journal of Japanese Studies* Vol. 39, December 2021, pp. 259-284；「自由権規約における子ども

の国籍取得権と国家の義務－自由権規約第 2 条の観点から」『国際人権』30 号、2019 年、115-119 頁がある。

清水　奈名子（しみず　ななこ）

宇都宮大学国際学部准教授

専門は、国際関係論、国際機構論。

主な著書に、「性的搾取・虐待の被害者救済と防止 　― 国連平和活動が関わる事例を中心として」片柳真理他著『平和構築と個人の権利―救済の国際法試論』広島大学出版会、2022 年；「人道的介入は正当か」日本平和学会編『平和をめぐる 14 の論点』法律文化社、2018 年がある。

キハラハント　愛（きはらはんと　あい）

東京大学大学院総合文化研究科教授

専門は、国際人権法、国連平和活動。

主な著書に、"Challenge to the Rule of Law in North-East Asia" in Modesto Seara Vázquez（ed.）, *Pandemic: The Catastrophic Crisis*（English and Spanish Editions）. Universidad del Mar. 2021, pp. 317-350；*Holding UNPOL to Account: Individual Criminal Accountability of United Nations Police Personnel*, Martinus Nijhoff, 2017 がある。

庄司　真理子（しょうじ　まりこ）

敬愛大学国際学部教授

専門は、国際関係論、国際法。

主な著書に、『新グローバル公共政策』晃洋書房、2021 年；"The UN Global Compact for Transnational Business and Peace: A Need for Orchestration?" in Mia Mahmudur Rahim（ed.）, *Code of Conduct on Transnational Corporations*: Challenges and Opportunities, Springer Nature, February 2019, pp. 89-110 がある。

（『国連研究』第 23 号）

人権と国連

編者　日本国際連合学会

2022 年 6 月 30 日初版第 1 刷発行

・発行者——石井　彰　　　　　　　　・発行所＿＿＿＿＿＿＿

印刷・製本／モリモト印刷株式会社

© 2022 by The Japan Association
　　　for United Nations Studies

定価（本体 3,200 円＋税）

ISBN978-4-87791-317-5 C3032 Printed in Japan

KOKUSAI SHOIN Co., Ltd.
3-32-5, HONGO, BUNKYO-KU, TOKYO, JAPAN.

株式会社 **国際書院**

〒113-0033 東京都文京区本郷 3-32-6 ハイヴ本郷 1001

TEL 03-5684-5803　　FAX 03-5684-2610

E メール：kokusai@aa.bcom. ne.jp

http://www.kokusai-shoin.co.jp

横田洋三／廣部和也編著

国際司法裁判所
―判決と意見第 4 巻（2005-2010 年）

87791-276-5 C3032　　　　　A5 判　519 頁　6,000 円

1999 年刊行を開始し、いまや国際法研究者必読の書として親しまれている。第 4 巻は 2005-2010 年までの国際司法裁判所の判決および勧告的意見を取上げ、事件概要・事実・判決・研究を紹介する

(2016.8)

横田洋三／東壽太郎／森喜憲編著

国際司法裁判所
―判決と意見第 5 巻

87791-286-4 C3032　　　　　A5 判　539 頁　6,000 円

本書は 2011 - 2016 年までの国際司法裁判所が出した判決と勧告的意見の要約および開設を収録している。判決・勧告的意見の本文の紹介を主な目的とし、反対意見・分離意見は必要に応じて「研究」で言及した。

(2018.1)

横田洋三訳・編

国際社会における法の支配と市民生活

87791-182-9 C1032　　　　四六判　131 頁　1,400 円

[jfUNU レクチャー・シリーズ①]　東京の国際連合大学でおこなわれたシンポジウム「より良い世界に向かって－国際社会と法の支配」の記録である。本書は国際法、国際司法裁判所が市民の日常生活に深いかかわりがあることを知る機会を提供する。

(2008.3)

内田孟男編

平和と開発のための教育
―アジアの視点から

87791-205-5 C1032　　　　　A5 判　155 頁　1,400 円

[jfUNU レクチャー・シリーズ②]　地球規模の課題を調査研究、世界に提言し、それに携わる若い人材の育成に尽力する国連大学の活動を支援する国連大学協力会 (jfUNU) のレクチャー・シリーズ②はアジアの視点からの「平和と開発のための教育」

(2010.2)

井村秀文編

資源としての生物多様性

87791-211-6 C1032　　　　　A5 判　181 頁　1,400 円

[jfUNU レクチャー・シリーズ③] 気候変動枠組み条約との関連を視野にいれた「遺伝資源としての生物多様性」をさまざまな角度から論じており、地球の生態から人類が学ぶことの広さおよび深さを知らされる。

(2010.8)

加来恒壽編

グローバル化した保健と医療
―アジアの発展と疾病の変化

87791-222-2 C3032　　　　　A5 判　177 頁　1,400 円

[jfUNU レクチャー・シリーズ④] 地球規模で解決が求められている緊急課題である保健・医療の問題を実践的な視点から、地域における人々の生活と疾病・保健の現状に焦点を当て社会的な問題にも光を当てる。

(2011.11)

武内和彦・勝間　靖編

サステイナビリティと平和
―国連大学新大学院創設記念シンポジウム

87791-224-6 C3021　　　　四六判　175 頁　1,470 円

[jfUNU レクチャー・シリーズ⑤] エネルギー問題、生物多様性、環境保護、国際法といった視点から、人間活動が生態系のなかで将来にわたって継続されることは、平和の実現と統一されていることを示唆する。

(2012.4)

武内和彦・佐土原聡編

持続可能性とリスクマネジメント
―地球環境・防災を融合したアプローチ

87791-240-6 C3032　　　　四六判　203 頁　2,000 円

[jfUNU レクチャー・シリーズ⑥] 生態系が持っている多機能性・回復力とともに、異常気象、東日本大震災・フクシマ原発事故など災害リスクの高まりを踏まえ、かつグローバル経済の進展をも考慮しつつ自然共生社会の方向性と課題を考える。

(2012.12)

武内和彦・中静　透編

震災復興と生態適応
―国連生物多様性の 10 年と RIO + 20 に向けて

87791-248-2 C1036　　　　四六判　192 頁　2,000 円

[jfUNU レクチャーシリーズ⑦] 三陸復興国立公園 (仮称) の活かし方、生態適応の課題、地域資源経営、海と田からのグリーン復興プロジェクトなど、創造的復興を目指した提言を展開する。

(2013.8)

武内和彦・松隈潤編

人間の安全保障
―新たな展開を目指して

87791-254-3　C3031　　　　　A5判　133頁　2,000円

[*if*UNU レクチャー・シリーズ⑧] 人間の安全保障概念の国際法に与える影響をベースに、平和構築、自然災害、教育開発の視点から、市民社会を形成していく人間そのものに焦点を当てた人材を育てていく必要性を論ずる。　　　　　(2013.11)

武内和彦編

環境と平和
―より包括的なサステイナビリティを目指して

87791-261-1　C3036　　　　　四六判　153頁　2,000円

[*if*UNU レクチャー・シリーズ⑨]「環境・開発」と「平和」を「未来共生」の観点から現在、地球上に存在する重大な課題を統合的に捉え、未来へバトンタッチするため人類と地球環境の持続可能性を総合的に探究する。　　　　　(2014.10)

勝間　靖編

持続可能な地球社会めざして：わたしのSDGsへの取組み

87791-292-5　C3032　¥2000E　　四六判　219頁　2,000円

[*if*UNU レクチャー・シリーズ⑩] 本書では SDGs 実現に向けて世界各地で政府のみならず草の根にいたるさまざまなレベルでの取組みが紹介されており、国連大学の修了生たちの活動が生き生きと語られている。　　　　　(2018.9)

日本国際連合学会編

21 世紀における国連システムの役割と展望

87791-097-2　C3031　　　　　A5判　241頁　2,800円

[国連研究①] 平和・人権・開発問題等における国連の果たす役割、最近の国連の動きと日本外交のゆくへなど「21 世紀の世界における国連の役割と展望」を日本国際連合学会に集う研究者たちが縦横に提言する。　　　　　(2000.3)

日本国際連合学会編

人道的介入と国連

87791-106-5　C3031　　　　　A5判　265頁　2,800円

[国連研究②] ソマリア、ボスニア・ヘルツェゴビナ、東ティモールなどの事例研究を通じ、現代国際政治が変容する過程での「人道的介入」の可否、基準、法的評価などを論じ、国連の果たすべき役割そして改革と強化の可能性を探る。　　　　　(2001.3)

日本国際連合学会編

グローバル・アクターとしての国連事務局

87791-115-4　C3032　　　　　A5判　315頁　2,800円

[国連研究③] 国連システム内で勤務経験を持つ専門家の論文と、研究者としてシステムの外から観察した論文によって、国際公務員制度の辿ってきた道筋を振り返り、国連事務局が直面する数々の挑戦と課題とに光を当てる。　　　　　(2001.5)

日本国際連合学会編

国際社会の新たな脅威と国連

87791-125-1　C1032　　　　　A5判　281頁　2,800円

[国連研究④] 国際社会の新たな脅威と武力による対応を巡って、「人間の安全保障」を確保する上で今日、国際法を実現するために国際連合の果たすべき役割を本書では、様々な角度から追究・検討する。　　　　　(2003.5)

日本国際連合学会編

民主化と国連

87791-135-9　C3032　　　　　A5判　344頁　3,200円

[国連研究⑤] 国連を初めとした国際組織と加盟国の内・外における民主化問題について、国際連合および国際組織の将来展望を見据えながら、歴史的、理論的に、さらに現場の眼から考察し、改めて「国際民主主義」を追究する。　　　　　(2004.5)

日本国際連合学会編

市民社会と国連

87791-147-2　C3032　　　　　A5判　311頁　3,200円

[国連研究⑥] 本書では、21 世紀市民社会の要求を実現するため、主権国家、国際機構、市民社会が建設的な対話を進め、知的資源を提供し合い、よりよい国際社会を築いていく上での知的作用が展開される。　　　　　(2005.5)

日本国際連合学会編

持続可能な開発の新展開

87791-159-6　C3200E　　　　A5判　339頁　3,200円

[国連研究⑦] 国連による国家構築活動での人的側面・信頼醸成活動、平和構築活動、あるいは持続可能性の目標および指標などから、持続可能的開発の新しい理論的、実践的な展開過程を描き出す。　　　　　　　　　　　　　　　　(2006.5)

日本国際連合学会編

平和構築と国連

87791-171-3　C3032　　　　A5判　321頁　3,200円

[国連研究⑧] 包括的な紛争予防、平和構築の重要性が広く認識されている今日、国連平和活動と人道援助活動との矛盾の克服など平和構築活動の現場からの提言を踏まえ、国連による平和と安全の維持を理論的にも追究する。　　　　(2007.6)

日本国際連合学会編

国連憲章体制への挑戦

87791-185-0　C3032　　　　A5判　305頁　3,200円

[国連研究⑨] とりわけ今世紀に入り、変動著しい世界社会において国連もまた質的変容を迫られている。「国連憲章体制への挑戦」とも言える今日的課題に向け、特集とともに独立論文、研究ノートなどが理論的追究を展開する。　　(2008.6)

日本国際連合学会編

国連研究の課題と展望

87791-195-9　C3032　　　　A5判　309頁　3,200円

[国連研究⑩] 地球的・人類的課題に取り組み、国際社会で独自に行動する行為主体としての国連行動をたどり未来を展望してきた本シリーズの第10巻目の本書では、改めて国連に関する「研究」に光を当て学問的発展を期す。　　(2009.6)

日本国際連合学会編

新たな地球規範と国連

87791-210-9　C3032　　　　A5判　297頁　3,200円

[国連研究⑪] 新たな局面に入った国連の地球規範：感染症の問題、被害者の視点からの難民問題、保護する責任論、企業による人権侵害と平和構築、核なき世界の課題など。人や周囲への思いやりの観点から考える。　　　　　　　(2010.6)

日本国際連合学会編

安全保障をめぐる地域と国連

87791-220-8　C3032　　　　A5判　285頁　3,200円

[国連研究⑫] 人間の安全保障など、これまでの安全保障の再検討が要請され、地域機構、準地域機構と国連の果たす役割が新たに問われている。本書では国際機構論、国際政治学などの立場から貴重な議論が実現した。　　　(2011.6)

日本国際連合学会編

日本と国連
—多元的視点からの再考

87791-230-7　C3032　　　　A5判　301頁　3,200円

[国連研究⑬] 第13巻目を迎えた本研究は、多元的な視点、多様な学問領域、学会内外の研究者と実務経験者の立場から展開され、本学会が国際的使命を果たすべく「日本と国連」との関係を整理・分析し展望を試みる。　　　(2012.6)

日本国際連合学会編

「法の支配」と国際機構
—その過去・現在・未来

87791-250-5　C3032　　　　A5判　281頁　3,200円

[国連研究⑭] 国連ならびに国連と接点を有する領域における「法の支配」の創造、執行、監視などの諸活動に関する過去と現在を検証し、「法の支配」が国際機構において持つ現代的意味とその未来を探る。　　　　　　　(2013.6)

日本国際連合学会編

グローバル・コモンズと国連

87791-260-4　C3032　　　　A5判　315頁　3,200円

[国連研究⑮] 公共圏、金融、環境、安全保障の分野から地球公共財・共有資源「グローバル・コモンズ」をさまざまな角度から分析し、国連をはじめとした国際機関の課題および運動の方向を追究する。　　　　　　　　　　(2014.6)

日本国際連合学会編

ジェンダーと国連

87791-269-7　C3032　　　　　A5 判　301 頁　3,200 円

[国連研究第⑯] 国連で採択された人権文書、国連と国際社会の動き、「女性・平和・安全保障」の制度化、国連におけるジェンダー主流化と貿易自由化による試み、国連と性的指向・性自認など国連におけるジェンダー課題提起の書。　　(2016.6)

日本国際連合学会編

『国連：戦後 70 年の歩み、課題、展望』
（『国連研究』第 17 号）

87791-274-1　C3032　　　　　A5 判　329 頁　3,200 円

[国連研究⑰] 創設 70 周年を迎えた国連は第二次世界大戦の惨禍を繰り返さない人類の決意として「平和的生存」の実現を掲げた。しかし絶えない紛争の下、「国連不要論」を乗り越え、いま国連の「課題」および「展望」を追う。　　(2016.6)

日本国際連合学会編

多国間主義の展開

87791-283-3　C3032　　　　　A5 判　323 頁　3,200 円

[国連研究⑱] 米トランプ政権が多国間主義の撤退の動きを強めるなか、諸問題に多くの国がともに解決を目指す多国間主義、国連の活動に日本はどう向き合うのか。若手研究者が歴史的課題に果敢に挑戦する。　　(2017.6)

日本国際連合学会編

人の移動と国連システム

87791-289-5　C3032　¥3200E　　　A5 判　305 頁　3,200 円

[国連研究⑲] グローバル難民危機への対処、世界の重要課題である。難民の保護・支援の枠組み、難民キャンプ収容政策、あるいは教育分野での高等教育はどのように対応していくのか。難題が山積している。　　(2018.6)

日本国際連合学会編

変容する国際社会と国連

87791-299-4　C3032　¥3200E　　　A5 判　299 頁　3,200 円

[国連研究⑳] 2016 年、「平和への権利国連宣言」が国連総会で採択された。平和を権利として捉えることによって、「平和と人間の安全保障」の課題が国連の重要な役割として浮上してきた。　　(2019.6)

日本国際連合学会編

国連と大国政治

87791-303-5　C3032　¥3200E　　　A5 判　245 頁　3,200 円

[国連研究㉑] 『国連研究』第 21 号は [国連と大国政治] を特集テーマに据えた。国連創設 75 周年の節目にあたる本年に、国連と大国政治んとの関係、国連における大国の意義と限界について改めて問う論考が揃った。　　(2020.6)

望月康恵

人道的干渉の法理論

87791-120-0　C3032　　　　　A5 判　317 頁　5,040 円

[21 世紀国際法学術叢書①] 国際法上の人道的干渉を、①人権諸条約上の人権の保護と人道的干渉における人道性、②内政不干渉原則、③武力行使禁止原則と人道的「干渉」との関係を事例研究で跡づけつつ、具体的かつ実行可能な基準を提示する。　　(2003.3)

吉村祥子

国連非軍事的制裁の法的問題

87791-124-3　C3032　　　　　A5 判　437 頁　5,800 円

[21 世紀国際法学術叢書②] 国際連合が採択した非軍事的制裁措置に関する決議を取り上げ、決議に対する国家による履行の分析、私人である企業に対して適用される際の法的効果を実証的に考察する。　　(2003.9)

滝澤美佐子

国際人権基準の法的性格

87791-133-2　C3032　　　　　A5 判　337 頁　5,400 円

[21 世紀国際法学術叢書③] 国際人権基準の「拘束力」および法的性格の解明を目指す本書は、国際法と国際機構の法秩序とのダイナミズムによって国際人権基準規範の実現が促されていることを明らかにする。　　(2004.2)

小尾尚子

難民問題への新しいアプローチ
―アジアの難民本国における難民高等弁務官事務所の活動

87791-134-0　C3032　　　　　　A5 判　289 頁　5,600 円

[21 世紀国際法学術叢書④] UNHCR のアジアで
の活動に焦点を当て、正統性の問題あるいはオペ
レーション能力の課題を考察し、難民本国におけ
る活動が、新しい規範を創りだし、国際社会に定
着してゆく過程を描く。　　　　　　　　（2004.7）

坂本まゆみ

テロリズム対処システムの再構成

87791-140-5　C3032　　　　　　A5 判　279 頁　5,600 円

[21 世紀国際法学術叢書⑤] 条約上の対処システ
ム、武力紛争としてのテロリズム対処、テロリズ
ムに対する集団的措置、などを法理論的に整理し、
効果的なテロリズムに対する取り組みを実践的に
追及する。　　　　　　　　　　　　　（2004.12）

一之瀬高博

国際環境法における通報協議義務

87791-161-8　C3032　　　　　　A5 判　307 頁　5,000 円

[21 世紀国際法学術叢書⑥] 手続き法としての国
際環境損害の未然防止を目的とする通報協議義務
の機能と特徴を、事後賠償の実体法としての国際
法の限界とを対比・分析することを通して明らか
にする。　　　　　　　　　　　　　　　（2008.2）

石黒一憲

情報通信・知的財産権への国際的視点 （絶版）

906319-13-0　C3032　　　　　　A5 判　224 頁　3,200 円

国際貿易における規制緩和と規制強化の中での国
際的に自由な情報流通について論ずる。国際・国
内両レベルでの標準化作業と知的財産権問題の接
点を巡って検討し、自由貿易と公正貿易の相矛盾
する方向でのベクトルの本質に迫る。　（1990.4）

廣江健司

アメリカ国際私法の研究
―不法行為準拠法選定に関する方法論と判例法状態

906319-46-7　C3032　　　　　　A5 判　289 頁　4,660 円

アメリカ合衆国の抵触法における準拠法選定の方
法論を検討する。準拠法選定に関する判例法は、
不法行為事件を中心に発展してきているので法域
外の要素を含む不法行為を中心に、その方法論を
検討し、その判例法状態を検証する。　（1994.3）

廣江健司

国際取引における国際私法

906319-56-4　C1032　　　　　　A5 判　249 頁　3,107 円

国際民事訴訟法事件とその国際私法的処理につい
て基礎的な法理論から法実務への架橋となる法情
報を提供する。国際取引法の基礎にある法問題、
国際私法の財産取引に関する問題、国際民事訴訟
法の重要課題を概説した基本書である。
（1995.1）

高橋明弘

知的財産の研究開発過程における競争法理の意義

87791-122-7　C3032　　　　　　A5 判　361 頁　6,200 円

コンピュータプログラムのリバース・エンジニア
リングを素材に、財産権の社会的側面を、独占（競
争制限）、労働のみならず、知的財産並びに環境問
題で生じる民法上の不法行為及び権利論の解決へ
向けての法概念としても捉える。　　　（2003.6）

久保田　隆

資金決済システムの法的課題

87791-126-×　C3032　　　　　　A5 判　305 頁　5,200 円

我々に身近なカード決済、ネット決済や日銀ネッ
ト、外為円決済システム等、資金決済システムの
制度的・法的課題を最新情報に基づき実務・学問
の両面から追究した意欲作。金融に携わる実務
家・研究者および学生必読の書。　　　（2003.6）

森田清隆

WTO体制下の国際経済法

87791-206-2　C3032　　　　　　A5 判　283 頁　5,400 円

WTOのさまざまな現代的課題を考察する。従来
の物品貿易に加え、サービス貿易がラウンド交渉
の対象になり、投資・競争政策が議論され、地球
温暖化防止策とWTO諸規則との整合性が問われ
ている。　　　　　　　　　　　　　　（2010.3）